田青文集

第七卷

文学与创作

文化艺术出版社
Culture and Art Publishing House

目录

一、电影文学剧本

003 钟　魂
071 杨贵妃

二、诗　歌

（一）老　歌

149 序
蓝色的远梦
151 五星颂
152 送　别
153 教我如何不想他
154 致赵元任
155 致刘雪庵

156 致萧友梅
157 致黎锦晖
158 致青主
159 禅 诗
160 致黄自
160 山在虚无缥缈间
161 渔光曲
162 致聂耳
163 梅 娘
164 夜半歌声
164 致赵丹
165 码头工人歌
166 五月的鲜花
166 大路歌
167 小儿郎

戎马天涯路

168 工农兵联合起来
169 松花江上
170 毕业歌
171 星海颂
172 面对干涸的母亲河
174 致长城

175 十送红军
176 致贺绿汀
180 致军国主义者
181 太行山上
182 致延安
183 冼妈妈的手
185 致郭兰英
187 团结就是力量
187 我是一个兵
188 致郑律成
189 致周巍峙
191 全世界人民团结紧
191 咱们工人有力量

火红的时代

194 致王莘
195 致社会主义
196 我们走在大路上
197 让我们荡起双桨
198 过二郎山
199 初　会
200 清粼粼的水来蓝莹莹的天
201 致“白毛女”

202 学习雷锋好榜样
203 洪湖水，浪打浪
203 草原之夜
204 草原上升起不落的太阳
205 马儿呀，你慢些走
205 革命人永远是年轻
206 致 梅
208 新编《老司机》
209 致克拉玛依
210 唱得幸福落满坡
211 花儿为什么这样红
211 全世界无产者联合起来

最响亮的歌

213 东方红
214 大海航行靠舵手
215 唱支山歌给党听
216 太阳最红，毛主席最亲
217 毛主席的战士最听党的话
218 北京的金山上
219 致北方
221 我爱北京天安门
222 致朝鲜族友人

223 致崇拜者
223 致锡伯族
225 致卫生部
226 致劫夫
227 致历史
228 新民谣
229 致知青伙伴
230 千年的铁树开了花
231 致陕北
232 致北京
233 样板戏

为自己歌唱
235 军港之夜
236 致哈尔滨市政府
237 致王酩
237 泉水叮咚响
238 妹妹找哥泪花流
240 再见吧，妈妈！
241 血染的群山
242 致三毛
244 思 念
245 祝酒歌

246 青　春
246 生　活
247 致施光南
248 在希望的田野上
249 万里长城永不倒
251 致外婆
252 致关牧村
253 少林寺
254 今夏，在电视机旁
255 城市酸曲
256 再　见

（二）现代诗

259 啊……海！

（三）古体诗

277 无　题
278 题画诗　达摩
279 题《辽宁千山佛乐曲集》
280 题画诗　游鱼
281 题画诗　难得明白
282 赠安徽蚌埠“花鼓灯第一村”
283 赠蚌埠花鼓灯博物馆

284　赠茶农之一　铁观音
285　赠茶农之二　茶禅一味
286　赠茶农之三　正山堂
287　赠茶农之四　大红袍
288　赠改鱼
289　悼王昆大姐
290　悼冯其庸先生
291　赠成公亮
292　赠王立平
293　赠诗友
294　步詹兄福瑞韵
295　无　题
296　有所悟
297　赞泉州南音
298　赠山西左权盲宣队
299　净心莲贯霖法师正
300　丁酉岁末有感
301　题《佛心学侠》
302　赠茗山法师

三、歌　词

305　声乐套曲：苏武牧羊

312 清凉赞

314 文殊菩萨颂

315 观音菩萨在哪里

318 非遗保护之歌

四、文学策划案及专题片脚本

323 2008 年北京奥运会开幕式文学策划案

335 2008 年北京奥运会闭幕式创意应征方案

——《北京记忆》

339 自由与兼容

——中国的宗教与中国人的宗教观

一、电影文学剧本

钟　魂

上　集

（一片龟甲的大特写。）

透过龟甲上钻出的小孔，可以看见龟甲下面的火光。突然，龟甲炙裂了。楚巫审视着裂纹。片刻，他抬起头："大王，大吉！"

楚王猛地把剑插在地上："伐——曾！"

在龟甲、剑与火的背景上，推出片名。

楚兵将士蛮野的脸。

红黑两色的"楚"字大旗。饰翎缀羽的战鼓。击鼓发令的楚王。

鼓声中，楚兵潮水般地扑向曾国城垣。

与此同时，出现字幕：

公元前5世纪，青铜时代。在江汉平原随枣孔道间，发生了一场战国时典型的以强凌弱的战争。战胜的一方，是称霸江汉、企图问鼎中原的楚国；战败的一方，从此在永远是由胜利者书写的历史上失去了原来的名字。

但本片摄制者认为：历史与文化，不仅仅是由胜利者们创造的。

本片所叙述的故事，史书无载。

（演职员表）

楚兵攻进了曾都，曾民顽强地抵抗着。

遍体鳞伤的老曾侯指挥所剩无几的曾兵，固守着曾国的祖庙。

祖庙内，神主牌位之下，一架编钟煌煌而立。

楚兵的箭矢飞蝗般地射进曾庙的棘墙。棘墙里，老曾侯弯弓搭箭，射杀楚兵。

瞽目的乐师季苍，准确地把一支支箭递到曾侯手里。

曾侯伸手要箭，师苍毫无表情地大睁着失明的双眼："刚才那支，是最后一支。"

曾侯一怔，一支楚箭射进他前胸。

他奋力站稳，猛地拔出身上箭，搭在弓上。

胸前的伤口，血涌如注。

带血的箭矢，瞄着击鼓的楚王。

曾侯发箭，箭矢剁进楚王的车轼。

楚王大惊，他拔出箭来，用力折断，抡槌欲击鼓发令。

就在这时候，曾国的祖庙里，传来了曾人辞庙祭祖的合唱。歌声悲壮苍凉，楚王及楚兵，无不被其震慑：

昊昊苍天，
惟惟吾皇。
列祖列宗，
佑我安康。

吾爱故乡，
吾爱曾国，
吾以吾血，
卫我山河。

金石可裂，
日月可灭，
万世奔流，
唯有吾血。

宗庙里，武士们手持薪燎，肃立两侧。薪燎的烟焰，使幽暗的宗庙影影绰绰。宗庙正中靠墙的神案上，供着曾国的“神主”，这是一个一尺长的木匣子，栗木制，背有题刻，神主背后的阴影里，隐约可见两尊木雕的男女裸体祖像。宗庙四壁，皆彩绘，其内容形式瑰丽奇诡。

曾侯在膜拜神主，他巨大的影子，随着他礼拜的动作，在宗庙的墙上晃动。

师苍，在一侧击钟，钟声铿锵肃穆。他身后，站着两个五岁左右的男孩，一个是曾侯之子姬乙，一个是师苍的儿子苍子。

曾侯：“先考先妣，列祖列宗在上，不肖子孙……在此稽首！……曾国……打败了……但，这不是我的错，不是百姓们的错！是楚国……太强了。……我们一个人，顶他们十个，可他们的人，比蝗虫还要多……曾国败了，但曾国不会屈服，曾国不会忍辱求生！曾国的子孙，都会死得慷慷慨慨……”

明堂外，一棵半枯的老树——曾国的社树，被楚兵抛掷的火把燃着了。

在宗庙四墙内躲避兵燹的曾国妇孺，惊恐万状。

曾侯召过姬乙，手抚其顶（*无限怜爱地*）：“孩子，拜祖宗。”

姬乙熟练地跪拜行礼。

宗庙外的喊杀声，一阵紧似一阵。

曾侯：“孩子，跟祖宗说，说姬乙要去见祖宗了。”

姬乙听话地伏下身去，刚要开口，师苍突然放下钟槌：“君侯，他是曾国的苗裔呀！”

曾侯：“国将不国，苗裔何用？”

曾侯拔出青铜剑，向着姬乙，伸出血淋淋的手：“来，孩子，来呀……”

姬乙惊恐的眼睛。

曾侯的笑脸，痛苦、狰狞的笑脸。

姬乙吓得转身便跑，急躲到师苍身后，师苍双臂护住两个孩子。

“留得青山在，不怕没柴烧！”

曾侯胸前的伤口，猛地涌出一股血来，他半哭半笑地望着亲子，手中的青铜剑几起几落，似有千斤之重，终于“当”的一声落到了地上。曾侯双手捧起“神主”，睚眦欲裂：

“祖宗啊，祖宗！子孙何罪，遭此恶命?！曾国何罪，遭此荼毒？天啊，你不公道……”

他仰天长啸，举手欲将“神主”摔到地上，双臂过头，却忽然住手，看着它大笑了两声，仍置于神案之上。

“神主”上，十个鲜红的血手印。

大门猛地被踢开了，一群楚将簇拥着楚王出现在门前，楚太宰紧随其后。

门外，阳光刺目。曾侯眯着眼，终于看清了敌人。他拾起青铜剑，高高举起："熊章，你……还我曾国来！"

他扬着头，扑向迎面刺来的十几支长戈。

戈头上，像高扬着的旗子，挑着一个弱国之君不屈的躯体。

楚王肃然："以君侯之礼入葬。"

三十六件编钟，耀人眼目。

楚王贪婪地望着编钟，面露喜色："楚国之舞曾国之乐，现在总算全了。"

楚王一挥手，一群楚兵蜂拥而上，卸下编钟，扛起便走。

一楚兵失手，一钟落地，楚王急走过去察看。钟体上，一道隐约可见的裂缝。

楚王冷冷地盯着楚兵。

楚兵伏身在地，磕头不止：

"大王饶命，大王饶命……"

楚王一剑砍倒楚兵，猛然转过身去，对着那些发呆的楚兵们："当心！这是曾国之钟！"

突然，从黑暗的角落里，传来一个平静、冷漠的声音："可惜呀，三十六钟，偏缺了这姑洗之宫。"

楚王持剑而问："什么人？"

师苍伏地行礼："瞽人季苍，拜见大王。"

黑暗中，师苍失明的双目却显得很亮。花白的胡须，使他睿智的脸庞神秘莫测。

师苍："溉水、涢水之滨，自古多铜，曾国的铜匠、乐人，又闻名天下，今天，都是大王掌中之物了。铸一尊姑洗宫，如探囊取物耳。"

楚太宰伏身向楚王："此人是曾国有名的乐师，巫师。据说他知音律、精占卜、善冶铸，且能调阴阳、通鬼神……"

楚王面露喜悦之色。

楚太宰："不过，他是曾侯心腹之臣，且深不可测……"

楚王沉吟之时，一楚将自外入："禀大王，人俘中查遍了，没有那孩子。"

姬乙与苍子似乎觉察到巨大的危险，在师苍身后觳觫着。

众楚将发现，持剑欲擒。师苍把姬乙一把抱在怀里，却伸手拉出亲子苍子，推至楚王前："这是亡国之君的后代姬乙，瞽人献于大王。"

苍子转身欲跑，被一楚将擒住。

楚太宰望着师苍怀中的姬乙："他是什么人？"

师苍："瞽人晚年得的一子，叫苍子。"

楚王看着两个年岁相仿的孩子："你双目失明，不会弄错吧？！"

师苍："瞽人晚年得子，视如心肝之肉。自己的孩子……"

他伸出抖颤的手，仿佛是为了验证一下，在苍子脸上轻轻摸索着。然后，用力摇摇头，把苍子推了出去。在推的一瞬间，他拉断了孩子项上挂着的蟾蜍香囊，攥在手里。

楚王回首示意楚将："斩草除根。"

一楚将挟苍子而去，方到门前，楚太宰（恨恨地）："慢！还有这个……"

楚太宰指着姬乙，另一个楚将把姬乙猛地从师苍怀里夺过来，双手举过头顶，向庙堂外走去。

庙堂之外，战火熊熊。

师苍大叫一声："大王！"

师苍："大王，仁者之师，不能滥杀无辜呀，况且，我这孩子……他耳聪过人，幼而善乐……”

楚王立刻显出极大的兴趣：“耳聪过人？”

他示意楚将放下姬乙，然后，揪着姬乙的耳朵，令其背向编钟。楚王在一枚钟上轻轻敲了一下：“嗯？这是什么音？”

姬乙的一只耳朵被楚王拎着，踮着脚，万分痛苦地：“这是姑洗之徵……也是穆钟之羽，新钟之羽颠，浊兽钟之宫。”

楚王惊诧不已，他招另外一肩钟之楚兵过来，又在这尊钟上敲了一下。

姬乙脱口而答：“这是姑洗之变宫，合浊兽钟之角，穆钟之羽颠。”

楚王松开他拧着耳朵的手，转过姬乙的脸来：“今年几岁？”

姬乙满脸泪水，用手捂着拧疼的耳朵。

楚王对挟着苍子的楚将挥了挥手，楚将步出庙堂，将苍子投入火中。

苍子的惨叫声：“妈呀——”

师苍冷寂的双目。他手中紧攥着的香囊。

姬乙紧缩在师苍的怀里。

楚太宰：“大王，两个孩子真假难辨，还不如一块儿……免得后患。”

楚王（自信地）：“不是乐师的儿子，没有这么好的耳朵。”

曾国祖庙的废墟。

得胜而归的楚兵，牵牛赶羊。

被缚的曾国工匠，被绳子拴着，押往楚国。

队伍里，一架踽踽而行的牛车。牛车上，端坐着同样被缚的师苍，依然是平静冷寂的面孔。

车后，姬乙跌跌撞撞地小跑着，一条绳索拴着他的手，绳子另一端拴在牛车上。

又是几辆牛车，载着曾国的编钟。钟体上狞厉的饕餮，仿佛在嘲笑着失败了的旧主人。

断壁颓垣边，老弱妇孺忍泣凝视着亲人们的远行。没有牵衣顿足，没有拦道而哭，这是刀剑下的生离，这是败而不输的弱者的死别。

曾国渐远。师苍回首，仿佛那失明的双目，仍在顾望着故国劫后的缕缕狼烟。

（字幕）

曾国作为一个独立的侯国，从此在战国史上消失了。

楚惠王考虑到周天子及中原列强的存在，将曾国改名为随国，意为“跟随楚国之国”，不再向周天子纳贡，而向楚称臣。

楚王宫。

少年的姬乙在练习敲编钟，师苍坐其身后。忽然，姬乙敲错了一个音，他放下钟槌，把手乖乖送到师苍面前，师苍手中的竹尺“叭”的一声，准确地落在手上，姬乙疼得缩回手。

师苍严酷冷漠的脸。

姬乙含着泪，不得不自己把手再送到师苍面前，挨那剩下的两下。

星空灿烂。

姬乙仰望星空，师苍坐在他身边，用石子在地上摆布星图。七颗大石子，摆成一个勺形。

天上的北斗。

姬乙乖乖地背诵：“斗为帝车，运于中央，临制四乡。可分阴阳，建四时，均五行，移节度，定诸纪……”

昏黑的土室里，只有清冷的月光。

师苍手持四十九根蓍草，分而揲之。姬乙跪其旁，用木棍在地上画着卦图。

师苍的声音："一生二，二生三，三生万物。一阴一阳谓之道。乾为天，坤为地……"

蒿草铺就的地铺上，姬乙蜷缩在师苍膝下睡觉。师苍在他身上盖着干草。

师苍冷冰冰的双眼。

昏暗中，他紧攥着的拳头，指缝中垂着香囊的绦穗。

土室外，大雪纷飞。

清晨，雪地上一行清晰的足印。

姬乙赤着脚，缩着头，蹒跚而行。

一个雪团飞来，在他头上开花了。

不远的地方，几个衣裘的贵胄子弟哈哈笑着。

姬乙愤怒地瞪了他们一眼，擦掉头上的雪，继续前行。

又一团雪打过来，打在他的眼上。

姬乙被雪封住的眼睛。

贵胄们的哗笑声："哈哈，打得好！"

"看这老瞎猪的小崽子……！"

姬乙被激怒了，他弯腰抓起一团雪，扔了过去。

"雪仗"变成了肉搏，姬乙拼命还击着围攻他的敌人，像一头发了疯的小兽。

鼻青脸肿的姬乙跪在土室的地上讲述经过。

师苍一声不响，用手一指门外。

姬乙顺从地站起来，走到屋外，跪在门口。

雪，又纷纷扬扬地下了起来。

姬乙的头上、肩上，落满了雪。

屋中，师苍毫无表情的脸。

雪人似的姬乙。

但，姬乙的眼睛里，已不复见泪水，只有倔强的光。

师苍递给姬乙一根干燥的粗树枝，示意他折断。姬乙用力一折，树枝断了。

师苍从墙上摘下一根结满了疙瘩的麻绳递给姬乙，仍示意他折断。姬乙接过来，左折右拽，麻绳如故。

师苍："懂了吗？"

姬乙深深地点了一下头："嗯！"

姬乙跪在地上擦拭青铜建鼓座，一个盛装的女孩，脚蹬木屐跑进堂来，这是楚王的爱女清商。

两个女官紧随其后，忙不迭地想拦住她："公主，公主，穿木屐不能上堂啊！"

清商："为什么不行？我喜欢！你听，这声音多好听！"

她足蹬木屐，跳着轻巧的舞步，在地上踏出响亮的节奏来。

姬乙抬头看见，似乎想笑，却未露声色。

清商跑到玉磬前，捡起磬槌，刮奏下边的一排，"叮叮咚咚"，发出流水般的响声。

清商高兴极了，踮起脚来想奏最上边的一排，但，那排磬似乎高了一点。

她一回头，瞧见姬乙，便招招手："喂！你！过来！"

姬乙急趋而近，双手伏地，跪在磬架前。清商踏在他背上，高兴地敲击着。

清商的眼睛，天真、任性，兴致勃勃。

姬乙的眼睛，在坚毅、漠然的底层，深埋着屈辱与仇恨。

清商踏在姬乙背上的木屐，金綦玉絇。

天上的北斗，缓缓旋转着。

地上的卦图，缓缓旋转着。

蟾蜍香囊的丝绦，缓缓地旋转着。

屋角里的师苍，大睁着失明的双目，他两手摊开放在膝上，手心向上，以拇指轮流触摸其余四指的指肚。他的头发，渐渐全白了。

星移斗转，在师苍的掐算中，十多年过去了。

依然是金綦玉絇的木屐，但大了许多，娉娉婷婷地走着。

走过草地，穿过回廊，走到阶前。

一双玉手从银幕上伸下来，解开木屐的带子，木屐脱在了堂下。

一双秀足隐在白色的裙下，飘然上堂。

已经成年的姬乙仍跪在那里擦拭乐器，看着清商的赤脚从眼前很近的地方走过。

镜头慢慢上移，豆蔻年华的清商，光彩照人。

楚宫的花园里，清商与侍女鹿儿在做投壶之戏，每人手中持箭五支，轮流投向置于二人之间的铜壶。

忽然，远处传来一男声的歌唱，其声悠扬、激越，极有魅力。

清商持箭的手停在空中，她竖起耳朵来听。

鹿儿："公主，快投呀！"

清商以手指轻按唇上："嘘——"

歌声似远似近，如天上之乐。

清商把箭往地下一扔："谁在唱？"

循声而去，没有歌者，只有那个年轻的奴隶——姬乙，低着头，默默地擦拭着铜器。

晚上，清商寝室。

鹿儿正在为清商卸去头上的笄饰，忽然，窗外隐隐约约，又传来那男人的歌声。

清商立起身来，急走到窗前，猛地开窗。

月华如水，树影摇曳。

清商自语："莫非是天乐……？"

楚王殿上，钟磬铿锵，楚王在宴请各国使臣，楚王及夫人居尊位，其子熊中侍坐。

楚宫女献舞，细腰袅袅，长袖翩翩。

乐工跪坐殿侧，师苍坐首席，执旄头节乐，姬乙次之，跪坐吹埙，其声呜呜然。

众乐工齐唱：

堂堂大楚，

天降斯福，

大楚堂堂，
天佑我王……

楚太宰敬酒："我们大王前年灭了蔡国，今年又灭了杞国，两年之内，便广地泗上。现我大楚夹江汉，临吴越，北可拒秦，南已濒海，北方列强不敢犯我荆楚江汉。多亏我们大王的威德……"

楚巫："大王，近日臣观天象，井宿八星暗，鬼宿四星黑，鹑火不明，可知周室气数已尽。而鹑尾丽天，岁在荆楚，是我大楚大吉之象。"

一小国使臣："臣也听说，近日楚南地出醴泉，禾生双穗，这都是天降福大王的吉兆呀……"

楚王持爵，哈哈大笑："诸位，别人说我存问鼎中原之心，真是天大的笑话！我不求天下，只求平安，偶有小战，也是受命于天，是不得已而为之呀……不过，我楚国能有今日兴隆之时，全凭我楚国的礼乐高于天下，就拿这乐工说吧，十五年前，他还是个孩子，因为耳聪过人，我把他从战火中救出来……"

众小国使臣："大王仁德，大王仁德……"

楚王捧觞而尽，命令姬乙："来，你给大家唱一个。"

姬乙挺身立于堂前，不卑不亢，雄姿英发。他施礼之后，自击编钟伴奏，慷慨而歌：

古有巨人兮名曰夸父，
恨日行天兮朝朝暮暮。
夸父心高兮誓欲逐日，
其言既出兮我行我素。

日出东方兮八骏齐飞，
帝驾金车兮万丈光辉。
人嘲夸父兮如蚁吞象，
夸父无悔兮紧追不放。

晨离东海兮暮落咸池，
夸父疾追兮半步迟迟。
英雄痛心兮顿足捶胸，
一饮咸池兮以润其心。

咸池水尽兮英雄永寤，
日出日落兮依然如故。
志虽未成兮豪气永在，
万古咏歌兮巨人夸父……

歌声深沉、悲壮，荡气回肠。

清商循声而至，隐于屏风之后偷窥姬乙英姿，颇作钦羡之意。

一曲歌毕，清商不禁失声："太好了！"

楚王："何人躲在那里？"

清商入觐："是我呀，父王。"

楚王佯怒："使臣之宴，你莫来打扰。"

清商作娇态，倚楚王身侧而坐。公子熊中不悦。

楚王对各国使臣："小女清商，娇惯坏了的。"

众使臣对公主行礼，清商却理也不理，只是眼巴巴地望着姬乙："父王，他唱得好听，再唱一个吧。"

楚王:“他的耳音才叫好呢，不信你试他一试。”

清商却不敲钟磬，她拿起楚王案上的箸子，在盛着菜肴的青铜豆的沿上敲了一下（调皮地）:“你说，这是什么音?”

姬乙先施一礼:“禀公主，这是姑洗之羽角。”

言罢，他返身走至编钟前，在一枚钟的右鼓部轻轻敲了一下，其声琅琅，如豆沿之音。

众惊讶不已，清商更是喜形于色，她拿起自己身上的玉佩，轻轻碰了一下，又问:“这个声音呢?”

姬乙沉吟片刻，先反身走到玉磬前，在一片磬上敲出那声音来，复反身施礼:“禀公主，这是蕤宾之吕，姑洗之少商，也叫——清商。”

清商巧笑:“哎呀! 真巧呀，这声音就是我啦!”

楚太宰:“放肆，胆敢直呼公主芳名!”

清商:“这有什么，这音就是清商么。”

清商解下玉佩，抛到姬乙身前:“赏你啦!”

清商寝室，壁挂琴、瑟，架置笙、竽，沿墙列玉磬一架。

清商独坐吹排箫。窗外，一牙新月。

《夸父之歌》的旋律悠然而起。

她悠悠地吹着，模仿着记忆中的旋律。

她吹到一个地方，吹不下去了，再从头吹起，仍是到这个地方便止住了。

她索性放下排箫，击磬而歌:

摽有梅，

其实七兮，

求我庶士，
迨其吉兮。

摽有梅，
其实三兮，
求我庶士，
迨其今兮。

摽有梅，
顷筐塈之，
求我庶士，
迨其谓之。

一曲未毕，她长叹一声，懒懒地放下磬槌：“哎，今天是怎么了？吹也吹不好，唱也唱不好！”

鹿儿抿嘴一笑：“我看，公主是病了。”

清商：“瞎说！什么病？”

鹿儿一捂胸口：“心口疼。”

清商佯嗔：“你敢咒我生病。”

鹿儿（亦故作惊恐状）：“奴才不敢。”

清商（却按捺不住地）：“……鹿儿，你说，那青年唱得怎样？”

鹿儿：“哟，公主自幼知音善律，琴、瑟、笛、箫没有不精的，这……怎么问起我来了？”

清商却不怪她（仿佛自言自语地）：“他唱得真好！全楚国，恐怕也找不出第二个人……他不光是声音好，他唱的时候，让你总觉得那声音里藏着许多东西，迷迷蒙蒙的，让你一时说不清，可又真真切切，让你仿佛看见了人心里的事情。那歌也好。夸父追日，乍一听觉着挺蠢，明明办不到的事，偏要去做，结果，累死，渴死……可这里头，有一股气！人活着，总得为个什么才好，能不能成，倒是无所谓的……”

鹿儿（亦深有所感地）：“是呀，这个苍子，平时光看着他跪在那儿擦呀擦呀，没想到往堂上一站，像变了一个人，满朝文武，都让他那股‘气’压下去了……”

窗外，朗月在天，纤云如缕。

清商复跪磬前，敲起了《夸父之歌》的旋律，到了刚才停住的地方，稍一停顿，却顺利地接了下去。

乐声渐响，有磅礴之气。

清商的眼睛里，深蕴着一种向往……

夜半刚过，师苍与姬乙曳杖而行。

远远看见郢都的城门，便听武士一声断喝：“谁？宵禁未除，不得走动！”

师苍：“吉金大人在吗？”

闻声，门监吉金出：“谁呀？”

姬乙：“吉大叔！”

吉金：“噢，是你们爷儿俩呀。苍子，昨天我进宫去看我那鹿儿，听她说，你一支歌听呆了满朝文武，公主听了之后，茶不思饭不想，整天念叨你，你小子，莫非真有这么大福气……”

搭讪着，吉金让武士们打开城门，师苍与姬乙出城而去。

林中，露重草深，暗夜如磐。

几只乌鸦被惊，“嘎”的一声飞了起来。

一只猫头鹰，阴森森地注视着这两位打扰了林中平静的不速之客。

姬乙背着师苍，师苍用超人的感觉指挥着姬乙：“往前，往前，碰到土冈向右拐……”

姬乙气喘吁吁，把师苍背到一棵古树下。这是一棵参天古树，树根周围，杂草丛生。

姬乙放下师苍，莫名其妙地望着他。师苍摩挲着树干，点点头。他双手分开几乎没腰的茅草，露出一个隐藏着的树洞。

姬乙忙伏身细看，待他借着幽微的星光，看清树洞中的匿物时，禁不住双膝一软，跪伏在树洞前，一边磕头，一边痛哭失声：“啊……祖宗……”

昏暗的树洞中，隐约可见一具曾国的“神主”，上边染着一个弱小君国的君侯之血。

师苍拄杖而立，静默无声。

待姬乙哭得差不多了，师苍才用拐杖止住姬乙，让他站起来，和自己并立在一起，面对神主。

师苍放下拐杖（庄重、肃穆地）：“拜——先——公。”

二人礼拜，如在庙堂之中。

师苍老迈（抖颤的声音）：“先公先王列祖列宗在上，不死之臣季苍叩首。罪臣不死，苟活十有五年，然无一日敢忘复国之志，无一日懈怠教诲宗裔之责。蒙祖宗荫庇，姬乙长大了，曾国复国之业，有望了。”

说到此，平素从不动情的师苍忽然一阵激动，哽咽难言。片刻后，复祷神主：“十五年来，臣忍辱偷生，伺机归曾复国，楚宫内外，事无巨细，臣无不潜心留意，近日，臣已有复国之良策……”

姬乙兴奋地抬起头来：“父亲，什么良策？”

师苍突然正色：“从今天起，你不要再叫我父亲了，他，才是你的父亲……”

师苍骨节累累的手，颤巍巍地指着幽暗的树洞。姬乙的眼里，泪光烁烁。

姬乙：“父亲！没有您，我不是也成了他的刀下鬼！您用苍子哥哥的命换了我，我就是您的亲儿子呀……”

姬乙两臂抱住师苍，失声痛哭。

“啪”的一声，师苍恨恨扇了姬乙一个耳光：“你好不糊涂呀！我十五年的心血全白费了！想让你成刀下鬼的，是楚王！是楚国！他灭了我们曾国，杀了你父亲，你不报此仇，天地难容！鬼神难容！”

师苍过于激动，剧嗽不止，姬乙忙为他抚拍后背，师苍一把推开他：“你，跪下。”

师苍复跪拜：“臣十五年来，与姬乙僭称父子，罪该万死！然为曾国复兴，臣万死不辞！今日欲复国，必先立主，国，不可一日无君。为此，罪臣季苍请列祖列宗降福我曾遗民，请先君先王准曾嫡子姬乙承袭爵位，继任曾侯。”

姬乙大惊失色：“父亲，您……”

师苍根本不理睬姬乙，跪对神社，口中念念有词。少顷，他双手摸出神主，在额头上贴了一贴，又默念了些什么，然后，非常神圣地：“姬乙，我以曾国列祖列宗的名义宣布：祖宗赐福于你，准你承袭爵位，从即日起，继任曾侯。”

师苍把浸着先王之血的神主平放在姬乙头顶上，姬乙不知所措，又不敢不从。

师苍竭力挺直衰老的身子，郑重地、充满感情地唱起了曾人祭祖的圣歌：

昊昊苍天，
惟惟吾皇。
列祖列宗，
佑我安康……

万籁俱寂的天地间，只回荡着师苍孤独、苍老的歌声。

树枝上的猫头鹰呆望着，在这幽暗的林中，在这杂花野草间，一个失明的老人，在为一个赤着上身的青年奴隶加冕。

歌罢，师苍轻轻放下神主，把苍子的香囊挂在姬乙的项上。像十五年前一样，在姬乙的脸上，他摸到了儿子的泪水。

然后，师苍扶姬乙坐在树桩上，自己整了整衣冠。姬乙莫明其妙地望着他。老人面对姬乙，缓缓地跪了下来，行见君大礼："臣——季苍，拜见君侯！"

姬乙大叫："啊——不！父亲，不……"

他拼命搀师苍起身，师苍坚决不从，二人用力相持，竟摔倒在地。

两人在地上抱在一起，半跪半卧，泪流满面。从来冷漠的师苍，竟也号啕大哭。他用力摇晃着姬乙，仿佛要把自己全部的意志都贯注到姬乙身上。老人疯狂地哭叫着："我们活着的，有罪呀！……"

姬乙仰视天空，森林像无数把利剑刺向暗夜。

父亲手中的剑……

污血斑斑的神主牌位……

苍子的香囊……

燃着的“曾”字战旗……

他突然挣开师苍的手臂，猛地扑伏在地上，面对树洞，野兽般地咆哮着：“父亲，保佑我吧！……”

他抬起头来，黎明已来到了林中。耀眼的阳光穿过林叶的空隙，斜斜地落在氍毹般的野花上。两只不知名的鸟儿，扑棱棱地从眼前掠过，飞上树顶。远远地，传来了最后一遍鸡啼。

姬乙仿佛刚生了一场大病，他用力站起身来，感到自己变成了另一个人。

他昂着头，让阳光洒在自己强健的赤胸上，用一种从未有过的语气，坚定沉静地问道：“父亲的复国良策，到底是什么？”

师苍，早已恢复了冷寂的样子，同样沉静地回答：“头一步，你要先娶清商为妻，然后才能回曾国……”

姬乙又激动起来：“什么？她是楚王的女儿，与我有杀父之仇！灭国之恨！”

师苍不语，只闻松涛阵阵。

良久，姬乙复归平静：“可是，她是公主，我现在，是奴隶……”

师苍摸出清商的玉佩：“她爱你。”

姬乙双手蒙头，好半天，才放开手，眼睛里，闪着坚定、狂热的光。他慢慢地、一字一句地：“好吧，为了曾国。”

突然，他似乎要挣脱千斤负重，又像要发泄万年积怨，高扬双臂，仰面朝天，对着头顶上刺目的太阳，疯子似的大叫一声：“为了曾——国……”

一阵落叶，飘摇而下。

茫茫晨雾中的荆楚大地。

幽幽地，传来女人的独唱。其声如怨如慕，如丝如缕，迤逦不绝，这歌，是无辞歌。

一个女人站在雾中，白裙白裳，散发披肩。

她渐渐转过身来，一对清朗的大眼睛里，含着几许春愁。

远处，传来鹿儿的声音："公主——，公主——，您在哪儿呢？"

公主把野花编就的花环戴在头上，粲然一笑，莫名的惆怅，忽然就不见了。

她向鹿儿呼喊的南方慢慢走去，走了几步，却又跑起来。头上的野花，簌簌地落到草地上。

鹿儿还在大叫着："公主，大王叫您，云梦狩猎去喽……"

古云梦泽。

这是一片广袤深阔的原始地貌，沼泽密布，林木葳蕤，葛藤纠缠，灌木丛生，"犀、兕、麋、鹿满之"。

遥望云梦，空中晃动着神秘的雾气，像是游荡着的魂灵。野兽的号叫声，此起彼伏。

隐隐地，兽吼中加进了猎号的声音。

楚王游猎的车马过来了，轮毂辚辚，旌旗蔽日。由远而近，响起了狩猎者的歌声：

驾龙车兮乘雷，
挽雕弓兮陆离，
猎狮虎兮云梦，
扬吾楚兮王威……

清商披犀甲，佩雕弓，鹤立战车之上。

随行的步伍中，姬乙大步走着。他远远望见车上的清商，有意向她这边靠过来。清商也在左顾右盼，仿佛在寻找什么。两人的目光相遇了，如磁如电。

一双眼睛里，是纯情，又夹着任性。

一双眼睛里，是挑逗，热辣辣的。

仿佛过了许久，清商才找回了自己。

清商："喂，苍子，你会驾车吗？"

姬乙："会！"

清商推了推身旁全神贯注的御者："喂，你，下去！"

御者莫名其妙，两手仍握着缰绳。

清商不耐烦地挥着手："快一点，下去！还有你！"

她指着车右的武士，用胳膊猛地一抡，两人不防，一起滚落车下。清商大笑，示意姬乙上车，姬乙一跃而上，拾起缰绳，策马飞奔。

御者及"车右"倒在辙旁，仍莫名其妙。

狩猎开始了，上百辆战车排成一个新月形，兜捕着一群惊慌的麋鹿，对面，是数百名奴隶，啸叫着，挥着棍棒，驱着猎狗，合围而来。

清商挽弓搭箭，射中一只，高兴地大叫。

楚王也射中一只，开怀大笑。

清商大声叫着："父王，敢不敢跟我比赛？"

楚王也狂放如少年："输者黥面！"

清商："一言为定！"

弓矢如雨，像一场真正的战争。

一群鹿突然冲出包围，向一边奔去。公子熊中刚要驱车追赶，这边姬乙却早已抖动缰绳，抢先追了过去。楚王大叫：“小心……”

清商兴奋极了，她的脸红红的，双眸如炬，闪闪发光。她双腿分开，挺立车上，弯弓如月，连发连中。

姬乙熟练轻巧地驾车，紧追在鹿群之后。看着追近了，他一手挽缰，一手举起一支长矛，挥臂投去。

一只鹿猛地向上一跳，在空中划了一个优美的弧线，背插长矛，倒地而死。

清商刚要叫好，车子猛地一颠，她一下子摔倒在姬乙身上，姬乙下意识地扶住她。

两人的身体触在一起，仿佛挨上了一块热炭，立刻分开了。

清商眼睛里的姬乙。

姬乙眼睛里的清商。

猎场中的一块空地上，支起了楚王的大帐。大帐周围，战车环绕，像是一座城池。两辆战车为门，上插楚王大旗。

大帐周围，点起一堆堆的篝火，架起的树枝上，串烤着块块鹿肉。

大帐里，清商搂着楚王的脖子：“父王，您输了！我打了十一只，您才打了八只。您说的，输者黥面！”

楚王哈哈笑着：“说着玩玩嘛，怎么当真？”

清商噘着嘴：“君王无戏言！”

楚王：“好！好！君王无戏言……”

清商高兴地跳起来，用炭在楚王额上点了一个黑点，拍着手笑着：“我赢啦！我赢啦！”

公子熊中不满地看着妹妹：“你太放肆了！”

大帐外，鹿儿轻声叫着清商。

清商步出帐外，鹿儿（兴奋地）：“公主，那边，有一潭水，清极了……”

清商忙“嘘”了声：“小声点，别让父王听见。”

二人悄悄地走进森林。

林中，草长得几乎和人一样高，风吹着草，扑朔迷离，这是人迹从未到过的地方。

鹿儿拨开一丛高草，清商往下一望，惊喜地叫了起来。在高草丛树的深处，藏着一泓清水。

潭水，清澈极了，柔和极了，像一幅巨大的缎子，无言地坦开诱人的光泽。一轮朗月，静静地睡在水底。

清商：“我先洗，你望着点儿。”

银色的月光下，一个少女姣好的胴体，像一尊润朗的玉雕，轻轻滑入温柔的水中。

月亮碎了。玉臂轻扬，把无数碎金碎银搅得跳跳荡荡，闪闪烁烁。

清商像一条修长的鱼，仰浮在水面。

楚天空阔，月明星稀。

清商兴奋地叫着：“啊……啊……”

忽然，岸上的鹿儿惊叫起来：“啊……不好！公主……快，快……”

清商身后不远的水面上，浮起一个鳄鱼的头。

清商也发现了，呛了一口水，手忙脚乱，向岸边游来。

鳄鱼时隐时现，紧随其后。

月光下，清商惊恐的眼睛。

鳄鱼的大嘴。

已经叫不出声音的鹿儿。

岸已近在咫尺，但清商实在游不动了。

鳄鱼鼓起的眼睛。

清商伸手，想抓住岸边的葛藤，但，还有一丝之差！

鳄鱼大张的喉咙，鲜红鲜红的，似乎要吞下整个银幕。

乐声，直冲上音量的顶峰。

忽然，一支长矛从岸上呼啸着飞来，插进水中。

乐声戛然而止。

鳄鱼出没处，半截矛柄缓缓沉入水底，一汪血花浮了上来。

清商朦胧的泪眼向岸上望去。

岸上，奴隶装束，腰间仅围着一块麻布的姬乙，天神一般耸立着，伟岸高大。

四目相视。

忽然，清商顿悟，急伸出双手，遮在胸前……

月光下，草地上，面对面立着两尊雕像。

姬乙的赤膊，闪着青铜般的光泽。

清商湿湿的长发披在肩上，一件宽大的丝袍，紧贴着湿漉漉的身体，像洁白的大理石像。

清商向前平伸双臂，像是盲人，在探求着依凭。

姬乙一动不动，像是有一股巨大的力量，把他钉在了地上。

幽冥中，响起了曾人泣血般的歌声：

……

金石可裂，

日月可灭，

万世奔流，

唯有吾血。

青铜雕像，终于迈出了一步。

两座雕像，走近了……

中　集

清商寝室。

地上，铺着一张黑亮亮的大熊皮，白衣的清商横陈其上。

青铜簋中，盛着米粥一样的东西，中插一匕，但纹丝未动。

鹿儿："哟，公主，您怎么一口也没吃啊？"

清商恹恹地翻了个身，向里侧卧，不发一言。

鹿儿（神秘地）："公主，我看见他了。"

清商立刻转过身来："苍子？"

鹿儿一笑："哪儿那么容易去找他呀？上次遇鳄鱼，回来大王差点没杀了我！连苍子也倒了霉，太宰说他'偷窥公主沐浴'，若不是大王看他救了你的命，功罪相抵，也得掉脑袋！这可倒好，不许他进宫，累得我跑折腿！"

清商复转身："唉，我以为……"

鹿儿："您以为我见到他了？我见到我父亲还不是一样？只要有书捎来……"

清商一翻身坐起："有书？他的？"

鹿儿从袖中取出两片竹简，交给清商。

清商捧读："寤寐思服，宫门如墙，驱厉有相，其病安康……"

清商卧榻上，一副病容。

楚王亲持匕喂食，他舀一匕羹，放到嘴边吹一吹，轻轻递到清商口边，清商却把头扭到一边。

楚王叹口气，放下金匕，楚王夫人（忧虑地）：“唉！这可怎么是好……”

楚王及夫人才走，帐后的鹿儿便笑着走过来，手捧一青铜尊，上边满是鹿肉，清商抓过一块，扔进嘴里，津津有味地嚼着。

二人相视一笑。

楚王：“传我的令，召全国巫觋进宫，有能为小女驱鬼除厉的，重赏……”

土室内，姬乙正在师苍的指导下雕刻一具假面，这是“方相”驱鬼舞傩时所戴的面具，其状狞厉凶恶，金色，四目。吉金在旁彩绘盾牌。

姬乙戴假面披熊皮，玄衣朱裳，一手执戈，一手扬盾，双手左右平伸，双腿屈，膝向外。

师苍：“然后，转身……”

姬乙转身。

师苍：“以戈击盾三次……”

姬乙以戈击盾，轰然有声。

清商寝宫门外。

楚巫手持桃木剑走出来，满身大汗，垂头丧气。

楚夫人：“怎么样？好了吗？”

鹿儿摇摇头。

吉金领姬乙进入戒备森严的楚宫，姬乙头戴假面，人莫知其究竟。身后，跟着一群彩衣童子。

姬乙的眼睛从假面里冷静地观察着一切。

楚宫中长长的甬道，两廊的战士。

清商寝室，门挂一帘，蓝白相间，绘着夸张变形的夔凤图。卫兵及侍女们还未来得及问话，姬乙忽然作势、怪叫，发出一种极恐怖的声音，呼啸着，冲进清商寝室。

他手舞足蹈，时而砍杀击刺，时而敲击盾牌，狂啸狂舞。一群彩衣童子随他冲进室内，一边用桃木弓向四个屋角射出一支支棘矢，一边从胸前的口袋里掏出一把把的豆子，向四面八方抛打，口中唱道：

天灵灵，地灵灵，

天帝驱魔显神灵。

魂来啦，鬼来啦。

魑魅魍魉全跑啦……

一把黄豆打在清商身上，鹿儿刚要发怒，清商忙以眼色示意：方相的假面上，镶着那块玉佩。

须臾，鹿儿及童子退出室外，只留姬乙与清商在屋内。屋内，姬乙仍在呼啸声声，门户紧闭，吉金与鹿儿守卫门旁，楚王夫人等在门外，焦虑不安。

一会儿，屋里的啸叫声停止了，楚王夫人竖着耳朵听，什么声音也没有，只有一夔一凤，在门帘上沉静地嬉戏着。

夫人沉不住气，要进门查看，吉金与鹿儿施礼：“夫人，不能进去！搅了驱鬼，可不得了啊！”

夫人：“怎么一点动静也没有啦？”

鹿儿：“许是捉住鬼了，正给鬼上刑呢。”

楚王大殿。

楚王居尊者处，太宰、楚巫相向跪坐，熊中立楚王身后。

楚王愁眉不展。

楚巫：“大王，此次公主久病不退，邪魔附体，恐怕与公主云梦遇鳄鱼有关。依小巫之见，那鳄鱼或许是一方神明，让那苍子杀了，自然要降祸作祟。”

楚王：“嗯？”

楚巫：“小巫倒有一个祓除不祥的法子：选一良辰吉日，杀苍子于云梦之泽，以祭水神，公主的病，自然痊愈。”

正在此时，鹿儿飞奔而入：“禀告大王，公主的病好啦！”

楚王惊喜，清商翩然而至：“父王，是一个高明的巫师，把鬼捉住了！”

楚王：“巫师在哪儿？快请来一见。”

清商回首示意，姬乙摘下假面，行礼：“小巫参见大王。”

清商佯作惊愕。

楚王：“是你？……”

清商：“父王，我的性命，两次都让他救了，这莫非天意？”

楚王：“你这乐工，怎么还会捉鬼？”

姬乙：“小巫家代代事神，家父师苍，娴熟阴阳，妙通鬼神，击钟鸣鼓之事，不过娱神而已。”

楚王大喜：“好！好！是这道理！是这道理。”

楚王两手各牵清商、姬乙步出大殿。

楚太宰与楚巫阴沉的脸。

熊中亦露不悦之色。

土室内，姬乙兴奋地向师苍讲述着，他端起一个粗糙但造型奇拙的瓦罐，咕嘟嘟地灌了一肚子水，然后抹抹嘴：

“楚王让我明天就搬到宫里去住。看来，复国之计就算成了。”

师苍瞽目向着窗外，迎着洒进屋来的月光。云影徘徊，在他那苍老、神秘的脸上流驰而过。

师苍：“怕没那么简单。上次云梦狩猎，你杀鳄救人，楚王也要赏你，但结果信了楚巫和太宰的谗言。想让楚王肯嫁女于你，还要费番周折……”

姬乙：“那……有什么办法吗？”

师苍不语，默默地掐算着。

忽然，他费力地站了起来：“来，你背我去观星台。”

古观星台。

高高的石台之上，除了日晷、滴漏等物外，最引人注目的，是一面竖置的巨鼓。鼓面周围靠边缘的地方，还留着一簇簇未刮净的兽毛，粗糙的铜钉、挂在鼓侧的木棒似的鼓槌，处处都显出蛮野荒古之气。

繁星灿灿。

师苍两手手心向上，平放膝上，飞快、紧张地掐算，但他的脸色，却依然平静如故。

姬乙仰观天象，转动式盘上的圆木棍。

师苍掐算着，隐隐地带着一种激动，缓缓地预言：“今天是二十七。三天之后，下月的朔日，日月同度相值，正当黄道、月道之交处，阴阳相侵，要白昼成夜……”

姬乙略带惊慌：“天狗吞日？”

师苍点点头，忽然闭上瞽目。云影，渐渐遮住了他神秘莫测的脸庞。

楚王殿。

楚王、太宰、楚巫、师苍四人围坐，楚王手持蓍草，四人中间的地上，画着一个卦象：“泰”。

楚巫：“恭喜大王！这乾下坤上，曰‘泰’，是小往大来，吉亨之卦。大王请看，这上三爻是阴，下三爻是阳，阴阳相配，大吉大利呀！……”

楚王面露喜色，师苍却不动声色。

楚王：“好！好！……师苍，你看呢？”

师苍伏地而拜：“臣不敢多言。”

楚王：“尽说无妨。”

师苍：“依臣观之，这是个凶卦。”

楚王：“凶卦？”

师苍：“《易经》上说：乾下坤上谓之‘泰’。但太一生两仪，两仪生阴阳，泰能变否，否能变泰。大王刚占的一爻，是第四爻。‘爻辞’曰：‘不富以邻，不戒以孚’，是凶卦无疑。这三阴三阳，若不相配，阴阳相侵，便是大灾大难……”

众皆惊愕，楚巫气急败坏：“你妖言祸主……”

楚王：“哎呀，那，如何是好呢？”

师苍：“这第五爻，倒是凶中有吉。爻辞曰：‘帝乙归妹，以祉，元吉’，讲的是殷代的帝乙，把女儿嫁给周王的事。这是泰中之泰，大大的福祉。只要大王择一佳婿，便可平安。”

楚王：“那……要嫁于何人呢？”

师苍：“帝乙嫁女，是殷周联姻，要嫁给过去的敌国才好……这卦乾下坤上，阳在下，阴在上，要嫁给地位低些的才好！……”

楚巫及太宰急不可耐地：“你的意思，不如讲明！你是想让大王把公主嫁你那儿子吗？”

师苍沉稳如故：“臣乃卑贱之人，岂敢存攀龙附凤之心？但天意却在卦上！今天是五月廿八，两天之后，便是六月之朔。假如有忤天意，一定会有大灾大难……”

六月之朔。

晴空万里，一个极普通的日子。

太阳火辣辣的，才过辰时，已不能仰视。

田野里，农夫耕稼。

大路上，行旅匆匆。

市井头，买卖兴隆。

校场中，丁壮列阵。

楚王宫中，楚王斜倚榻上，在打瞌睡。宫女们轻歌曼舞，细腰款款。

高高的观星台上，日晷的影子，在缓缓地移动。

玄衣朱裳的师苍进楚王殿，伏身行礼：“小臣参见大王，拜问大王安康！”

楚王睁开眼，看看是他，“嗯”了一声，便合上眼。

日晷的影子，慢慢缩短移动，终于叠上了晷壁上的一条线。

半裸的姬乙大喝一声，登上观星台，擂响了巨鼓。

鼓声沉郁、厚重、神秘、可怖，惊天动地。

鼓点先缓后急，像沉雷转到暴雨。

守卫观星台的武士急奔上台拦阻，就在这一瞬间，天空开始变暗。

一只无形的“天狗”，在吞食太阳。

日食，开始了。

楚王被鼓声震醒，猛地跳起来，拔剑在手。

宫女们四散奔逃，仓皇万状，尖叫声声。

遍地狼藉，只有师苍依然沉静冷漠地跪坐堂位。

楚王持剑高叫：“来人——！来人——！”

师苍：“不是敌人，大王，你看看天上！大灾大难来了！”楚王望窗外，立刻惊呆了。

“天狗”的大嘴，在缓缓地、坚毅地吞食着太阳。晴空白昼，转成了暗夜。

像是天塌了，像是地陷了，像是地球爆炸了，像是宇宙毁灭了——全城的人，全国的人，士农工商，男女老幼，全都跑了出来，人人手中都拿着一个随便什么响器奔命敲着。大地上，人们像炸了群的马一样狂乱地奔跑着、号叫着，其声凄厉。

狗，恐惧万分地对天狂吠。

马，尥着蹶子，曳车狂奔。

鼓声、破铜盆声、剑戈相击声、男号女叫声、鸡鸣狗吠声，乱成了一锅粥。驱天狗，救太阳，这种从亘古便沉淀在人类集体意识里的悲壮的信仰，使人们在这自然界罕见的异象到来时，自发地、空前地动员起来，以全民族的力量，组成了一个噪音的世界。

只有姬乙，却似乎忘却了救日的本意，在狂暴的击鼓动作中，发泄着自己平时深深郁积着的仇恨。

鼓声若暴风疾雨，席天卷地。

楚王跌跌撞撞跑到师苍面前，双手抓住师苍的肩膀："你说过，有一个办法可以免难……"

师苍平静的声音："阴阳相配，才能无咎……"

楚王踉踉跄跄向门外走去，高喊着："清商、清商……你去救太阳……"

清商被送至观星台。台下，是野兽般狂乱的人群。

半裸的清商披长纱，一步步登上高高的台阶，长纱拖地。清商望着击鼓的姬乙，眼中充满爱慕之光；姬乙却仍沉浸于激情的发泄中，对清商视而不见。

清商击鼓，绵绵密密，用鼓声倾诉着爱。

姬乙击鼓，澎澎湃湃，用鼓声喷吐着恨。

鼓声交织、纠缠在一起。

爱与恨融合为一，难解难分。

在鼓声的交响中，大地渐渐从阴影中走出，鼓声与男号女哭的声浪渐渐变成了钟磬之音、金玉之声。

灿烂的阳光中，师苍不易觉察的一丝微笑。

楚宫中的婚礼。

清商容光焕发的笑脸，没有一丝一毫别的成分，幸福，像阳光一样照耀着。

姬乙矜持的笑脸却十分复杂，像一潭深水的涟漪，漾着无数个层次。

清商的心声："啊……我真幸福！我得到了我的爱，得到了我爱的人，为了爱，我愿牺牲一切。天帝啊，请赐福于我们，保佑我们白头偕老……"

姬乙的心声："列祖列宗在天之灵，曾国小君姬乙，感谢神明护佑！感谢天帝助我大计得成！望先公先王降福我曾遗民，光复曾国……"

新婚之夜。

清商摘下满头珠翠，更显娇媚动人，在她脸上，几乎看不见小家碧玉做新娘时那每每被夸张的羞涩，更多的却是一种发自内心的、不加掩饰的爱的喜悦，一种皇家之女的天生气度。

清商偎着姬乙走进寝室。一顶真正薄如蝉翼的纱帐被金钩掀起两角，露出里面并排铺着的两张雪白光洁的蕙草席，席的四方，镇着四块白玉，席上撒满了一层层的兰花瓣。

清商把双手搭在姬乙肩上，含情凝睇：

"苍子，你……真像个天神，……啊，我的天神……"

突然，姬乙脸部的肌肉猛地抽搐了一下，清商惊诧地顺着他的视线望去——透过一层梦幻般的纱帐，在新房的北墙，矗立着一架明光闪烁的编钟，为了庆贺他们的婚礼，上边还煞费苦心地披着红色的丝带，装饰着这十五年前曾国的镇国之宝。

姬乙双手捂住自己的眼睛。

"妈呀！……"苍子，在幽冥中嘶叫着。

红色的丝带，化成了曾国宗庙里的兵燹。

一个女孩金綦玉絇的木屐踩在背上。

一双少女秀美的赤脚，袅袅地，从眼前很近的地方走过……

姬乙松开双手，眼前是一个灭国杀父之敌的女儿，一个昔日踩在他身上的楚公主，一个对自己一片痴情的少女，一个如花似玉的美人，一个妻子……

清商的声音模模糊糊地传过来：

“噢，这套钟，声音可好了，可惜缺了一尊姑洗之宫……”

在清商纯真的声音里，混着姬乙咚咚的心跳，混着注定要跟随他一生的歌声：

……

金石可裂，

日月可灭，

万世奔流，

唯有吾血。

在曾人《祭祖歌》恢宏强烈的声浪之中，姬乙把清商猛地抱起来，抛到雪白的蕙草席上。无数圣洁的花瓣，像大海的泡沫一样，在高速摄影机的镜头前慢慢地涌上来，吞没了清商，那沉在幸福之中的新娘……

赤地千里，断鸿声悲。

龟裂的土地，张开无数张嘴，向苍天乞求着滋润。

成群的乌鸦落在一具人尸上，远远望去，像一座黑色的坟。

一个皮包骨头的男子拾起一块土坷垃，艰难地扔过去。乌鸦“轰”的一声飞起来，却并不飞远，立刻落在尸体周围。

皮包骨头的男子拄着拐杖，一步步挪向死尸。

乌鸦，紧盯着他。

他终于挪到死尸边，想慢慢蹲下去，但拐杖一斜，跌倒了。

一双疯狂的、似兽非人的眼睛，盯着死尸腿风干的腐肉，眼睛里，响着饥饿的吼声。

镜头缓缓拉开，荒凉、贫瘠，但又无限辽阔的大地上，一个濒死的人，在吞食一个同类的尸体。

“嘎——”，乌鸦愤怒地叫了起来，在他头顶上低低地盘旋，像一柄黑伞……

饥民的队伍，扶老携幼，从四面八方汇集到楚国城都。城门上篆书“郢南”二字。

楚王宫中，华服的姬乙正在指挥一群舞者排练求雨的乐舞——雩。

舞者皆男性，头戴皮弁，下着白麻布裙，上身赤裸。他们围成一个圆圈，面向外，一边转圈，一边歌唱，手中传递着一根系着彩饰的牦牛尾：

帝不降雨，
下民之罪。
帝若降雨，
民下之福。
何日帝令雨，
好雨润嘉惠？
其自西来雨？
其自东来雨？
其自北来雨？
其自南来雨？

姬乙手持竹鞭，严厉地监督舞工们排练，在他的表情里，已分明是师苍般的冷漠、坚强了。楚王坐堂前檐下观看排练，师苍陪侍。

一个舞者打了个趔趄，姬乙手中的竹鞭“叭”地一下打过去，大声喝骂："这样怎么能感动神明?! 记住，你们是唱给天帝听的，唱好了天帝才会降雨！"

舞者继续舞蹈，圆圈时聚时散，愈转愈快，化成求雨祭典上的正式乐舞。

舞者麻木呆滞的脸，赤膊上，水泼似汗。

毒日当头。

一个舞者倒下了，其他人继续旋转。

又一个舞者倒下了……

众多百姓跪在旷野上，全部赤裸上身，暴晒在太阳光下，希图用这种自我折磨、自我惩罚的方式乞求神明宽宥。

一个老人树皮似的皮肤。

一个少年长满白泡的嘴唇。

一个人倒下了，又一个人倒下了。

但人们依然跪着，没有呼天抢地，没有狂歌当哭，对倒下的同伴，无动于衷。

无数双沉默的眼睛，痴望着万里无云的天空。

在一片光脊背的海洋里，只飘着一个人喑哑的声音，这是那个挨鞭子的舞工，一个人，在满地横躺竖卧的同伴之间，顽强地转着圈子，唱着"舞雩"的歌。

没有雨，只有汗水，从牦牛尾巴的尖端滴下来，落进干涸的土地。

太阳，毒辣辣的太阳……

姬乙与清商的寝室外，师苍拄杖伫立牖下。宽阔的窗子里，姬乙与清商亲热地坐在一起，清商为姬乙扇着扇子。

清商与姬乙的欢笑声像一串珠子似的洒落出来。

师苍忧心忡忡的脸。

师苍阴凉的地室里，姬乙激动的声音：

“我没有乐不思国，更没有忘掉复国之志，但清商对我是一片真心，她是个好姑娘，纯真无邪，就是有点任性……再说，灭我们曾国的，也不是她！”

师苍沉默不语。

姬乙低下头（万般痛苦地）：“开始的时候，我也在每时每刻提醒自己，甚至每天睡觉的时候，我都要戴着苍子哥的香囊……但是，清商……对我太好了……”

师苍依旧不语，用沉默鞭挞着姬乙。

姬乙扬起头：“可是，复国也要有个机会！现在，楚王能放我们回曾国吗?!”

师苍这才胸有成竹地吐出一个字：“能。”

姬乙：“那好！只要你有办法！”

师苍：“欲回曾，必铸钟。”

姬乙：“铸钟?”

楚王沮丧地倚在榻上，不停地喝着他身旁青铜冰釜里冰着的冰酒，四个宫女，从四方为他扇着扇子。

楚王：“连日求雨，神明漠不关心，总要想个办法才好！”

姬乙：“通神娱鬼，靠的是金玉之声，但现在偌大的楚国，却六律不齐，宫悬不备，三十六件编钟，只有三十五件了。若想天神愉悦，要赶铸一套编钟祭天。这套编钟，干脆铸它六十五件，要十二音齐全，可以任意旋宫转调，待这套编钟铸成，不愁天神不喜。”

楚王：“那好！你就立刻监铸！尽快铸成！”

师苍：“楚国本土旱魃猖獗，劳力不足，且与铜、锡产地过远，运铜来楚，恐贻误时机。随国在㵐水、涢水之间，自古多铜，且多木炭，多铜匠，不如去那里就地铸造，事半功倍。”

楚王沉吟片刻：“嗯，也好！”

清商欢快的笑声与歌声，像她白色的裙裾一样随她飞舞、旋转。

清商独自歌舞，飘然若仙：

浴兰汤兮沐芳，
华采衣兮若英，
豆蔻开兮含露，
春风荡兮生情。

慕君子兮宜修，
遗余佩兮明堂，
结良缘兮逍遥，
缔同心兮永长。

她转着转着，忽觉一阵头晕，赶快扶几站住，片刻便好了。她刚想笑一笑，忽然又觉一阵恶心。

鹿儿忙过来搀扶：“哟！公主，您怎么啦？”

没等她来搀，公主已经好了，她笑着摇摇头说：“没事，刚才，只是有点恶心。”

鹿儿看看清商，又看看几上盘中的梅子，神秘地笑了起来：

“公主，您不是有喜了吧?”清商举手欲打，刚说了一句“瞎说”，又似有所悟，双手轻轻放在肚子上，慢慢坐下，嘴里喃喃地：“也许……真的有了?”

一阵红云飞上两腮，她顿觉失态，又一下子站了起来，笑着追打鹿儿：“我把你这鹿蹄子……”

鹿儿却不躲，赶忙双手扶住公主：“公主，小心……”

清商的手轻轻落下来，扶在鹿儿肩上，悄声道：“先别跟他说……”

月夜，郢都北门。

车上端坐着师苍。

吉金为师苍打开城门。

师苍：“我先去安排一下，三天之后，大队再去。”

吉金：“公主也去吗?”

师苍冷冷地：“那里，不需要她。”

马车悠悠而去，奔驰在去曾国的路上。

清晨，清商在牖下练习击磬，姬乙坐其后，一边听她练习，一边看“书”——一卷竹帘似的简策。

清商敲错了一音，姬乙立刻察觉，从书上抬起头来，清商吐了一下舌头，乖乖地伸出手来，递到姬乙跟前，姬乙在她手上轻轻打了一下，又埋头向书。

清商露出一副委屈的样子，忽然，却莞尔一笑，便继续练习下去。

清商有意敲错了一个音。姬乙还未及抬头，清商的小手已伸到跟前，他又轻轻打了一下。

他刚低下头，清商又故意敲错一个音，手，直伸到他鼻子下去。

姬乙拿起她的手，“重重”打了三下，然后，抬起头来。

清商深情地注视着他，眼中含着无限的爱。姬乙，怦然心动。

清商坐到他膝上，两条玉臂缠在他项上，两眼看定姬乙：“别去了，啊?”

姬乙：“铸钟的事大。”

清商：“那带我去。”

姬乙：“铸钟时，监铸的君长要斋戒沐浴，不近女色。”

清商眼中浮上一层晶莹的泪花：“我怕……再也见不着了。”

姬乙佯装平静：“别瞎想！铸完钟就回来。”

深夜，清商翻过身，发现身旁的姬乙不见了。

密林中，姬乙踉踉跄跄地走着。

古树下，姬乙在膜拜。

他双手捧出神主，用布包好，揣在怀里，迅速向林外走去。

姬乙悄然走进寝室，清商在熟睡。

他将布包小心放进已经备好的行囊中，轻轻躺下，很快便睡着了。

清商悄悄起身，打开行囊，不禁大吃一惊。

神主背后的那块木板上，依稀可辨一行线刻的篆字：“曾国皇考……之位!”

她本能地向四周望一望，赶快把行囊裹好。

清商坐在熟睡的姬乙身边，无限忧虑地望着他。

土冈上，立着送行的清商，她靠在鹿儿身上，久久地眺望着远方。

地平线上，十几辆马车渐渐消失了。

清商突然一转身，伏在鹿儿身上，泪如泉涌，她抽搐着的肩头，深埋着只有自己知道的巨大悲痛。

曾都郊外，依旧是满目疮痍。曾国百姓扶老携幼，翘首以待。

姬乙的车队渐渐近了。

曾人《祭祖歌》的前奏渐渐响起。开始的旋律，是男声无伴奏的哼唱，雄浑、悲壮、苍凉，饱含着一种被压抑着的痛苦。

姬乙走下车，师苍被人搀扶着迎上来，姬乙上去拉住他的双手，师苍慢慢跪下，雪白的胡须频频抖动着："臣……师苍，暨曾国百姓，迎接君侯归来！"

男男女女老老少少，齐刷刷地跪下，迎接他们失落了十五年的君侯。

师苍的话音刚落，像是一阵风暴袭来，无数声音同时哭喊起来："君侯啊……"

一白发老妪，露着两片干瘪的奶子，张着没牙的嘴哭着："君侯……"

一蓬头少妇，怀抱吃奶的孩子，哭着："君侯……"

怀中的孩子，"哇"的一声大哭起来。

几个壮汉，把一面"随"字旗扯得粉碎，把碎片扬到空中。

一个小伙子，赤身露体，只胯间兜着一块麻布条，他猛举起一块方方的旧布，上边歪歪扭扭写着一个大字："曾"。

姬乙也取出珍藏了十五年的神主牌位，高高举在头上。

姬乙万分激动地："父老们，百姓们：我，曾侯乙，回来了！"

曾国百姓们，簇拥着自己的君侯，跟随着祖先的灵牌。高举着简陋的"曾"字旗，向祖庙走去。歌声，像地层下滚烫的岩浆，带着一股深埋着的气势，沉着地、浩浩荡荡地、铺天盖地涌泻而出：

……

吾爱故乡，

吾爱曾国，

吾以吾血，

卫吾山河。

清商寝室内。

清商闷坐牖下磬前，独自敲着姬乙教她的旋律，敲到上次敲错的地方，她忽然停了下来，轻叹一口气。她转过身去，旁边的案上，依然摊着那卷竹简，她下意识地伸出手去，递给想象中的姬乙。

清商一低头，泪水落到腮边，她用手背轻轻抹去。

忽然，鹿儿跑了进来："公主，随国有消息了！跟着去随国的人回来一个，正在殿上呢！"

清商破涕为笑："啊，他呢？他没有捎书来？"

鹿儿："哪能没有呢？您就耐心等着吧。"

话音未落，楚王气急败坏地闯进门来："清商，我们让他骗啦！"

清商："父王，您说什么？"

楚王："他不是苍子，不是瞎子的儿子！他是曾侯的儿子……他一回随国，就打出了曾国的旗号……老瞎子！全是瞎子的主意！……我要抓住他们，碎尸万段！"

清商（着急地）："父王，您慢点说。"

楚王上前一把拉住清商的双肩，不禁落下两行老泪："孩子，父亲对不起你……那个苍子，你的……丈夫，他原来是曾侯的儿子，叫姬乙。十五年来，他骗了我，骗了你……"

他突然放开手，对天挥舞双拳："姬乙！你糟蹋了我的女儿，污辱了大楚，你……"

忽然，清商一捂腹部，往后便倒。

楚王及鹿儿，同时抱住她。

楚王：“女儿！女儿！你醒醒，父亲替你报仇！”

鹿儿看公主捂着腹部，焦急地：“公主，您……”

清商慢慢睁开眼，傻了似的呆愣着。

鹿儿大叫：“公主，公主……”

泪水，终于涌出眼眶，然后，如断了线的珠子，从清商脸上滚下。

楚王捶着她的背，细声细气地：“孩子，你哭出来，哭啊！”

清商双肩剧烈地抽动了几下，猛地哭出声来。

楚王红着眼站起来，拔出腰间佩剑，往外便走。楚王刚走到门口，只听清商竭力高叫一声：“不——父亲，不要去……”

楚王怔怔地转过身来。

清商“扑通”一声跪在地上，满面泪水：“父王，您……不要杀他，不要杀……我的丈夫……”

楚王像被电击了一般，木雕似的呆住了，他仿佛不认识自己的女儿了，半天，才愤愤地问：“你说什么，你的丈夫？不！他不是你丈夫，他是骗子！是猪！狗！我要杀他！”

楚王转身欲走，清商膝行数步，死死拉住楚王衣带：“父王，我求求您，别，别杀我丈夫……”

楚王抓住清商的双肩，猛地把她从地上拖起来，像抖一条口袋似的摇晃着：“你……你这个……你是不是我女儿?！你是不是我女儿?！我不要你这女儿……”

忽然，他的声音又低落下来，哀求似的说：“女儿，我的女儿，你……要听父王的话呀……”

清商闭着双眼，任泪水横流，任楚王摇晃，轻轻地，但又异常坚定地：

“不……父王，我……爱他。”

楚王把清商猛地扔到地下，转身欲走，却被清商死死拉住衣带。他挥剑斩断衣带，疾走到门口，又猛地转过身来：“你听着！半个月后，我要踏平曾国！”

楚王愤然离去，清商瘫倒在地。

暗夜，高崖下的铸钟场。

几十座熔铜炉的火光。星星点点，在巨崖深黑色的背影上燃烧。赤身的奴隶们唱着歌，拉着巨大的羊皮橐，向炉内鼓风。一赤身奴隶仰面朝天躺在橐下，以手助其张合。

火光照耀下赤红色的肩膀。跳动的肌腱。汗水，如雨的汗水。瞳孔里的火花。

一个粗木搭成的木架上，挂着一排已铸好的小钮钟。

简陋的棚子里，排着一排甬钟的模型。

师苍坐在中间，指挥匠人们精心制作范片。

钟匠们的歌声和火光一同跳动：

烈火熔金兮，
熊熊上中宫兮，
齐心铸编钟猗。
心敬心诚，
胡苍天不佑吾兮？
钟铸成兮，
兴吾曾兮。

楚宫之夜。冷清清的月光，霜似的铺在清商的寝室里，洒在屋内的磬上、琴上、箫上……

清商大睁着眼，静静地躺在帐里，目光炯炯。

卧在鹤型灯座旁熟睡的鹿儿。

廊下，倚着柱子打盹儿的武士。

马厩里，马低着头，偶尔，打个响鼻。

清商突然动了一下，然后，轻声把鹿儿唤醒："鹿儿，醒醒。"

鹿儿揉揉眼。

清商："快起来收拾下东西，咱们走。"

鹿儿一下子全醒了："走？上哪儿去？"

清商"嘘"了一下，轻轻地："去曾国。"

鹿儿："啊？公主，您疯啦？"

清商（沉静地）："别说啦，快走，半月之后，父王就要发兵了。"

鹿儿："大王知道了，不得了呀！"

清商："是呀，我对不起大王……但，我是个妻子，我应该去找我丈夫，和他在一起。"

一驾马车，悄然驶出郢都北门，车上有篷，篷前垂帘。御者的位置上，坐着神色严肃、紧张的吉金。

马蹄翻飞，郢都渐远。

在微微的曙色中，一辆马车，载着一个妻子，奔驰在路上。车中的清商，紧闭双目，双手护着腹部，神情坚毅、平和。

清商的画外音："苍子，我的苍子，我们来了！……你的妻子，还有你的孩子……"

马车，渐渐消失；乐声益发激昂，仿佛金戈铁马，百万雄兵……

下　集

钟场门口的木牌：“钟场圣地，妇人回避。”

几十座直径约一米的熔铜炉，分散在暗夜里，喷吐着艳红艳红的光焰。每四座熔铜炉围着一槽埋在地下的钟范，成扇状排开。每个炉的出口均用陶瓦接成的泄铜槽与钟范的浇口连接，陶槽的两侧，为了防止流出的铜液冷却，堆着火红的木炭，像一条条火的通道。神态虔敬庄重的曾侯乙，面向苍天，祷告神明：“皇天后土，列祖列宗：曾国全体臣民虔诚不贰，求卜于神明——今后我曾国若能昌盛，请保佑此钟钟声洪亮，声传遐迩；若我曾国无福佑于神明，亦请上天明示。”

祷毕，一举剑：“开铸——”

四条火龙，从熔铜炉的底部同时蹿了出来，迅速向钟范的浇口流去，钟范的出气孔“嘶嘶”地冒着热气，火光，映红了天地！

火光中，曾侯乙激动的脸。

火光中，师苍着了火似的瞽目。

火光中，裸体的工匠们，低吼着，手舞足蹈，跳着神秘的土风舞。

火光，撕裂着黑暗，征服着荒蛮，浇铸着人类的文明。

山路崎岖，清商的马车，向着钟场驶来，远远望去，钟场上，半个天空都在燃烧。

第一枚甬钟铸出来了。

几个工匠把钟挂在粗糙的木架上，奉上一柄钟槌，请曾侯乙试敲。

钟场上鸦雀无声，所有人的目光，都紧张、虔敬地望着这枚将预卜曾国兴亡的甬钟。

甬钟隧部的云纹，钲部的乳钉，令人生畏地沉默着。

曾侯小心翼翼地举起了神圣的钟槌……

“苍子……”一个女人激动又带着羞怯的声音，打破了钟场上神秘的寂静。

众蓦然回首：白衣白裳的清商，无力地站在钟场门口，痴痴地望着自己的丈夫。

吉金和鹿儿提着行囊，伫立其后。

四目相视。

曾侯手中的钟槌悬在空中。

仿佛就是昨日，猎场上的风吹着，兴奋的猎狗叫着，战车上的清商，就是这双眼睛。

曾国的全体工匠们，都眼巴巴地盯着钟槌，盼望着那迟迟不出、清哑难料的声音，就像亲自创造了新生命的父母，在痛苦分娩后急于知道婴儿的性别一样。紧张的气氛，使人们一时忽略了清商的存在。

师苍不耐烦地：“君侯……”

君侯一闭眼，钟槌落了下来，“叭”一声，落在靠近铣边的地方。

曾侯摇摇头，重又举起钟槌。他屏住呼吸，看准钟隧，猛敲下去：钟，裂了！

清商惊愕的眼睛。

众人惊愕的眼睛。

不约而同地，场上所有的人，都仿佛刚刚发现清商三人似的，默默地转过头来，用怀疑、厌恶、憎恨的目光，逼视着这个私入钟场圣地的女人。

清商与鹿儿本能地后退了两步，这才发现门柱上的木牌：“钟场圣地，妇人回避。”

一大群几乎全裸的男人，一大群面孔和身体被长期炙烤成黧黑色的男人，一大群蛮野的，仇恨的，被长期奋斗后的失败弄得沮丧万分、无由发泄的男人，围成一个半圆形，默默地，向清商逼压过去……

木然的曾侯猛地醒悟过来，他把钟槌往地上一摔，大声厉喝：“站住！这是我的——夫人！”

被薪燎的焰烟熏得黑黝黝的屋子里，曾侯乙手抚那枚破裂的甬钟，呆若木鸡。

屋角里，传来师苍冷冷的声音：“钟场圣地，女人岂能插足？曾国，要毁在这女人身上！”

曾侯乙一声不响，像一尊石像。

师苍的声音，却像一把铁锤，执着地，不断地敲打着：“上有祖先在天之灵望着，下有黎民百姓盼着，万不能耽于儿女私情，坏了国运，违了天命呀。”

曾侯终于压抑不住，猛地爆发出来：“她是我妻子！”

依旧是冷冷的声音，但严厉犹如神谕：“不！她是楚国人！是楚王的女儿！是杀死你父亲、杀死我儿子的凶手！”

姬乙（愤愤地）：“是又怎样？”

师苍毫不让步：“按老规矩，私闯铸钟圣地的女人，都要杀殉祭钟，求神宽宥！”

曾侯冲到师苍面前，对着那一双毫无表情的瞽目挥舞双拳：“办不到！我，是人！”

说罢，转身向内室走去。

他的一只脚刚刚迈出屋门，从黑暗的角落里，冷冷地抛来师苍最后的一句话："曾侯，你不能为了一个女人，毁掉整个曾国！"

像被一枚钉子钉在那里，曾侯乙愣住了。

月华如水，把无限的温柔与怜悯洒在这苦难的大地上。曾侯乙双手捧着清商苍白的脸，就像捧着一掬清凉圣洁的月光。

清商晶莹的泪眼里，突然又涌出一丝笑意："苍子，为你，我死而无怨……"

曾侯乙五内如焚："清商，你不要怪我，我骗了你……"

清商用一个融释一切的热吻，堵住了他后边的话，然后，轻轻摸着姬乙项上垂挂着的香囊，郑重地：

"我其实心里早知道，你对我……但，我爱你，我知道你们男人，心里只有事业……我不怪你，真的，嫁你，我不后悔……"

曾侯乙仿佛第一次认识自己的妻子，无限爱怜地凝视着她，自语似的："清商，你真好……"

像托着露珠儿的玉兰，清商泪水打湿了的脸，绽开一朵灿烂的微笑。她推开曾侯，后退两步，夸张地施礼："小妾清商，拜见君侯，为君献舞。"

清商长袖曳地，娉娉婷婷地，缓缓舞动。似乎少了几分轻盈，却平添了几许妩媚、雍容。

曾侯吹篪，为她伴奏。

浴兰汤兮沐芳，
华采衣兮若英，
豆蔻开兮含露，

春风荡兮生情……

忽然，一侍卫入，伏身禀报：“君侯，铸工匠求见。”

曾侯一怔：“这么晚了，出了什么事吗？”

侍卫不答，低头闪到门旁。

门外，黑压压地跪着一片曾国的工匠。月光下，一双双闪着冷光的眼睛。

清商吓得忙躲到曾侯身后。

工匠甲：“君侯，小民向君侯告假辞行……”

曾侯：“钟未铸成，怎么能告假？你们……要以国事为重啊！”

众沉默不语，无数怨恨、敌视的眼光射向清商。

工匠乙低头吼了一句：“妖孽不除，此钟难铸！”

像是有人给打了气，众齐声吼道：“妖孽不除，此钟难铸！”

曾侯搂着清商瑟瑟发抖的双肩：“她……一个弱女子，你们不要与她为难，她是来投奔我们曾国，告诉我们，楚王就要发兵了，我们曾国，危在旦夕呀！”

工匠丙：“曾国危在旦夕，妖孽却歌舞通宵！”

工匠丁：“钟场的规矩不能改，私进钟场的女人，要杀殉祭钟！”

工匠们七嘴八舌，沸反盈天。

幽暗的角落里，师苍不动声色的脸。

曾侯乙恨不得掏出自己的心来：“你们要相信我，我是为了曾国，为了你们……”

工匠甲：“君侯去国十五年，刚刚回来，便召来楚王之女，民心难服呀！”

工匠乙、工匠丙齐声呼喊：“君侯，我们的父母，是让楚王杀死的呀！”

清商突然掩面痛哭，转身跑向内室。曾侯尴尬万状，束手无策。

这时，从黑暗中，传来师苍深思熟虑的声音：“大家不要吵了，先回去吧！君侯为国为民的赤诚，天地可鉴！铸钟之事不容耽搁，只有编钟铸成，感动了神明，才能护佑曾国。……君侯已经答应大家了，明晨日出之时，杀殉祭钟！”

曾侯连连摆手，但话一出口，立刻被众人的欢呼声淹没了。

众人乱叫着：“君侯圣明！”“万岁……”一哄而下。

内室里，残灯如豆。曾侯乙双拳顶着额头，呆坐案前。他慢慢放下胳膊，两拳同时缓缓张开，左手心上，一块玉佩；右手心上，一串香囊。

一双玉手，悄然无声地搭在他肩上。清商温柔地靠在他身后：“这香囊，是你小时候的？”

蟾蜍的两只夸张变形的大眼。

金黄色的丝绦。

“妈呀——”幽冥中，苍子在惨烈地叫着。

十五年前楚王灭曾时的惨状，重又跃上银幕……

清商含着泪，听完曾侯的叙述。她拿过这香囊，端详良久，慢慢挂在自己的项上：“这笔账，该由我来还。”

她把玉佩挂在曾侯项上，微微一笑：“当初嫁你时我就想，假如有一天，让我为你去死，我会没有一句怨言，我会笑着去死……现在看，这也是为了父王……啊，为了一个我最爱的人，同时也为了一个最爱我的人，这样死，还不值得吗？……”

姬乙把清商紧搂在怀里（热泪滂沱，泣不成声地）：“啊，清商……”

清商却异常沉静，她为曾侯擦着泪，像母亲一样宽容地笑了："男子汉，不能在女人面前流泪……"

姬乙却毫不自制，尽量倾泻着这刚刚在自己内心深处发现，却立刻就要失去凭依的爱："今生我对不起你，来世，我做牛做马……"

清商（也动情地）："谁要你做牛做马，来世，还做我丈夫，啊?!"

起风了。窗外，斑驳的树影摩挲着地上的月华。

熔铜炉里，铜和锡的熔液融合在一起，沸腾着，发光，发热……

清商的声音："再为我唱一首歌吧?"

姬乙的声音："唱什么……"

清商轻轻哼起了《夸父之歌》的旋律。

一个无比悲壮的神话，一个伟大的理想主义者在追求一个永不可能成功的目标中失败的寓言，带着一种温暖的回忆，重在暗夜中响起：

古有巨人兮名曰夸父，
恨日行天兮朝朝暮暮。
夸父心高兮誓欲逐日，
其言既出兮我行我素……

"苍子……"清商深情地呼唤着丈夫。

曾侯抬起头来，清商只穿一件薄薄的白纱裙，横陈在黑色的熊皮之上。

曾侯走过去，慢慢跪在她身旁，像是罪人。

清商仰面朝着她的苍子，伸出双臂。她闭上眼，轻轻地，像是一阵微风，又像是自言自语："来吧，今生今世，最后一次……"

音乐，奔涌而出，如高崖跌瀑，如水落夔门，浩浩荡荡地、倾诉着这人间最大的苦痛与最大的快乐。

黎明前的铸钟场。

高崖黝黑的剪影。银幕上，只露出一线暗暗的天空。

高崖下，几十座炼铜炉的火光，像一个巨大的星座，铺陈在暗夜里。

静极了，只有风，只有溮水上空八月的风，猎猎地卷着旌旗。

启明星沉静地挂在天上。晨曦初起，高崖缓缓的边缘上，露出一排执戈武士的身影。

钟场前的空地上，是密麻麻、黑压压的人群。一个国家的全体子民都肃立在这儿，等待着一个神圣时刻的到来。所有的人，都翘望着高崖。高崖后面，应该是太阳升起的地方。

“呜——”像是从地层深处，像是从一个万分痛苦的胸腔中，传来了牛角号神秘邃远的吼声。天地之间，充盈着一股亘古蛮荒之气。

高崖上，曾侯戴峨冠，佩长剑，手捧玉圭，肃然而立。他背对他的臣民，面向东方。

清商盛装敛容，端立其后。两名执戈的武士，站在她两侧稍后的地方。

风，轻拂着清商年轻美丽的面庞，轻拂着她两鬓的秀发，轻拂着她洁白的长裙。她的脸上，看不到一丝一毫的恐惧和生的眷恋，只有一种坚毅的神色，透着献身的热诚。

师苍，白发飘拂，一双混浊的眼，寻求着阳光。

牛角号终于唤醒了太阳。当东方出现第一道生命之光时，曾侯下跪，膜拜。全体臣民随之。

在太阳完完全全摆脱大地的牵挂，一跃而起的一瞬间，曾侯发出撕裂肺腑的一声呼唤：“东——皇——太—— 一……”他挺直上身，高举玉圭。

“东——皇——太—— 一……”

山崖，传来了回声。

低沉的鼓声，由弱变强，像是从山岩之下，深海之中，托出了庄严的乐章。

一轮红日，缓缓地、堂堂地、沉着而郑重地，冉冉东升。

云海苍茫。

霞光中，全体曾民——男男女女，老老少少，伸直双臂，像一片密林的枝丫，向着辉煌的太阳，向着东方的生命之光，发出一声长长的、近似兽吼的呼喊，感谢光明的降临：

“啊——啊……”

日轮中，一双黑色的手，托着一个赤条条的婴儿。

一个个脸部的特写：太阳毫不吝啬地把金灿灿的霞光洒在这些欢呼着的人们脸上，使这些蛮野的面孔，涂上了一层神圣的灵光。

曾侯乙一挥手，呼声即止。曾侯礼拜：“曾国小君姬乙，率全体臣民礼拜东皇太一，诚意殷殷，绝无二心。今者曾国百姓，欲铸乐钟，上乐祖考，慰我先人，下兴邦国，永传子孙，祈祷上苍，佑我铸钟成功。”

师苍举旄头，祭祀舞开始了。

巨大的建鼓“咚咚”地响着，像旱天的雷。

三十六个武士，一手执斧，一手扬盾，跳起了古老的干戚舞。鬼面型的青铜斧，横拍着盾牌，发出整齐的、震撼人心的金属撞击声。盾牌上端插着的一蓬蓬五彩羽毛，像孔雀屏一样灿灿地抖动着。

三十六个舞女，素练霓裳，飘然若仙，跳起了荆楚之地的长袖舞。长袖飘摇，像飞动的彩虹。

清商礼拜。

她的声音，像一阵和风，轻拂过山崖、荒地，轻拂过不许她进入的钟场，轻拂过每个人的心：

“曾侯之妻清商，礼拜东皇……当此曾国铸钟之际，清商甘愿献此微躯，侍奉神明……望神明降福曾国……降福楚国，降福天下百姓。愿天下永息干戈，永罢刀兵；愿天降甘霖，救我百姓……”

她缓缓站起身，毅然走上崖头。

清商亭亭玉立。脚下，是熔铜炉的火光；身后，是一轮巨大的、火红火红的太阳。阳光，把她洁白的衣裙照得晶莹剔透，像一只金翅的火凤凰。她的前胸，挂着苍子的香囊，蟾蜍怪异的绿眼睛，也变成了赤金的颜色。

清商深情地望着她衷心热爱的一切：山川、大地、干涸的田亩、含悲忍痛的曾侯……

她掠鬓举袂，转身向南：“我的楚国，我的父王，清商辜负了你们的养育之恩……不过，我为曾国而死，为曾侯而死，是心甘情愿的……父王，祝您长寿……”

她一转身，突然一阵腹痛。她双手捂住腹部，歉疚地对曾侯笑了笑：“曾侯，我对不起你，我一直没告诉你，我……为你怀着孩子，一个我们的孩子……我，把他带走了。我不放心把他一个人留在这罪恶的世界上！在这样一个以强凌弱，以众暴寡的世界上，他长大了能做什么呢？他若是强者，他会去杀人；他若是弱者，他会被人杀……不！我不愿我的孩子去杀人！我不愿我的孩子被人杀！……我……也不愿意一个人孤孤单单地走，……我把他带走了，你放心吧，他会陪着我……你不要觉得对不起我，我也对不起你。今生今世，我们谁也不欠谁的。来世，我等着你。……你，快来呀！我的……苍……子……”

疾转身，她张开双臂，纵身扑向太阳、扑向光明，扑向火。

镜头猛地拉开——高崖、蓝天的大全景。

玫瑰色的衣裙，像一朵红云，悠悠地飘在天上。

镜头俯拍，清商像要拥抱大地，旋转着，落下去。

熔铜炉的火焰猛地蹿上来，吞没了叠印其后的山崖，吞没了曾侯那因狂吼而变形的脸。

吞没了整个银幕，殷红殷红的，像太阳、像血。

“清——商……”曾侯绞肠滴血般地叫着。

“苍——子……”天地间，久久地回荡着这一对男女痴情的呼喊。

六十五件金光灿灿的编钟，整齐地挂在簨虡上。几尊青铜铸造的佩剑武士，威武地托举着这几千斤的重量。

师苍手拿一把小小的锉刀，在做最后的调音工作。他在一枚甬钟的内壁轻轻锉了两下，然后，用槌轻击。

师苍满意的笑容。

苍茫的夜色中，可见曾国城郭之外，楚兵一排排蜿蜒而来的火把，像一条条火蛇，静静地扑来。渐渐地，火蛇汇成了火海。

曾国祖庙里，神主之前，供着清商的玉佩。

姬乙抬起头来，目光如炬。

曾侯的心声：“清商，明天，我们就可以见面……”

清晨，楚兵严整的方阵。剑戈林立，旌旗翻卷。战车上的楚王，战车上的楚太子熊中。战车上的楚太宰。

城垣上的曾侯，戎装在身，神态严峻。

城墙上，摆满了滚木礌石。

楚王，猛地擂响了战鼓。

楚兵的方阵，迈着整齐的步伐。

载着云梯的战车移动了，战车上墨书的篆字：公输机。

移动着的密林似的长戈。

瞄准的曾国弓弩手。

楚王的战鼓，楚兵的脚步。

“大王……”突然，一个声音，一个女人的声音，从城墙的一角传来，划破了战场上紧张的空气。

楚王抬头，曾侯转脸，两人同时发现了她。

沿着一排长长的城垛和瞄准着的弓弩手，鹿儿向城墙正中奔来。

她鬓发散乱，扬着手，高叫着。

楚王一怔，鼓声停止了。

楚兵整齐的步伐散乱了，终于，莫名其妙地站住了。

城上城下，成百上千一心准备厮杀的男人，呆呆地望着战场上这突然出现的、唯一的女性。

鹿儿跑到城门正上方，立在曾侯旁边，气喘吁吁地：“大王……公主……她……已经死了！你们……不要再打了。她临死之前，祝您，祝曾侯安康，祝曾楚两国永息刀兵……她爱大王，爱楚国，也爱丈夫，爱曾国，她又有何错呢？……她爱你们，你们也爱她，但你们为什么不能彼此相爱呢？……公主，她是为了你们死的呀……假如没有这战争，没有仇恨，只有音乐，只有爱，那公主，是不会死的……我侍奉公主十几年，本应跟公主一起死的，但她托付我一件事，让我千万劝你们勿动刀兵……我是一个弱女人，我只有一条不值钱的命……我怎能完成公主的嘱托呢？……我只好把它交给你们，大王，您要是爱您的女儿，您就听她这一句话吧……”

鹿儿泪流满面，仰天大叫了一声：“公主，我来啦……”

她似乎在学着清商的样子，一步跨过城堞，往下便跳。曾侯一把没有拉住，这个平时普普通通，无知无识的女子，已经跌落在高墙之下，两军阵前了！

呆若木鸡的楚王。

呆若木鸡的曾侯。

城墙根下，鹿儿静静地卧着。一丝姣好的、甘美的微笑，浮在她年轻的脸上。

楚兵战士们深受感动的神情。

曾国战士们深受感动的神情。

楚王低首不语，许久，才放下鼓槌，一摆手："撤兵……"

楚兵的队伍，退却了。

楚太宰与熊中，面面相觑。

晴空丽日下，只留下鹿儿洁白的身体，像一朵小花，开在古老的战场上。

城门开了。一个已显苍老的男人第一个走了出来，慢慢跪在女儿身旁……

钟磬齐鸣，鼓乐喧天。欣喜若狂的曾民们，载歌载舞，欢庆这天赐的和平。

楚兵撤退的路上。

楚太宰与太子熊中窃窃议论着什么，熊中不满地摇摇头。

战车上的楚王身心交瘁的样子，突然，他以手扶头，向一侧倒去。

"大王……"

熊中和太宰赶忙下车，向楚王奔去。

曾国的祖庙里，灯火辉煌，只有曾侯一个人。新铸成的编钟烁烁夺目，祭在神主之下。神主前，祭着清商的玉佩，还有一朵小小的白花。

曾侯摘下冠冕、佩剑，轻轻放在神案上。

曾侯乙的头上，一夜之间，已是白发斑斑。

他走到编钟前，像抚慰清商的脸庞，轻抚着一尊尊精美绝伦的编钟。每一尊钟上，都晃动着清商清澈的眼睛，灿烂的微笑。

一尊尊光洁可鉴的钟体上，轮流映照出曾侯的面容。

曾侯的影子停在一枚钟前，钟隧部的铭文清晰如画："少商。"

曾侯用指尖在钟隧上轻轻一弹，仄耳细听："商……"

他赶快用双手扶定甬钟，眼里，浮现出晶莹的泪花。

冥冥中，响着师苍的声音："君侯，这六十五件编钟，每钟可发两音，一均之内，十二音齐全，可以任意旋宫转调，且发音清朗，优美无比。钟壁上，还铸着两千八百多字的铭文，把我曾国的乐律与晋、楚、周、齐、申等国的乐律一一对照，使后世的知音，千年万年之后，仍可知我今世的乐声如何。君侯，这套编钟，是天下奇宝，旷世之珍呀……"

曾侯挥动双拳，和师苍的幽灵论争着："但是，清商不在了！我要钟何用?!"

师苍的声音："你是曾国之君，你上有祖宗，下有百姓……"

姬乙大叫一声："不——"，双手捧起那山一样的威严沉重的神主，猛地摔在地上。神主，带着他父亲血迹的神主，眨眼之间变成了碎片。

忽然，外边传来了远远的歌唱，这是曾民们在师苍的带领下，来祖庙祭祖，欢庆和平。

曾侯转身跑到门前，紧紧关住了祖庙的大门。

他的眼睛里，闪现出一股异样的光。他嘴里喃喃地："清商，鹿儿……他们来了！不！这是我们的世界！我不要别人，不要曾国，不要师苍，什么都不要，只要我们……"

门外，歌声越发近了：

昊昊苍天，

惟惟吾皇，

列祖列宗，

佑我安康。

……

师苍的声音：“君侯，开开门，祭祖的时辰到了……”

曾侯乙用背死死顶住门，大声呼喊着：“清商——你在哪儿？清商，你在哪儿？……”

祭祖的歌声中，突然加进了清商的旋律，加进了《夸父之歌》的旋律。天地之间，万籁俱鸣。

曾侯乙发光的眼睛。

神案上的玉佩，仿佛变得无限大。

无数张清商的脸，在编钟的金光中晃动，跳荡。

曾侯乙随着音乐的节奏猛然冲跳了几步，他上身微屈，头向前倾，仿佛那颤动着的肉体，在竭力压制身体中一股巨大的力量。忽然，他全力高叫了一声：“清商——”

随着《夸父之歌》主题变奏音响的巨浪，曾侯乙飘拂着长发，身体像一张弓一样向后弯曲，又慢慢弹回来，仿佛一只巨鸟，张开翅膀似的双臂，向一尊编钟撞去。（高速摄影）

“咣——”编钟渐渐倾斜了。鲜血，慢慢地溅起来，又慢慢地落在钟隧之上。

曾侯乙迸裂的额头，扭曲的脸，几乎要暴涨出来的眼珠，大张着、不知在喊着什么的嘴，万分痛苦，又极度超脱的表情。

他身体又弹回来，在空中舞动着的双臂，缓缓地划了一个弧形，慢慢摔倒在地上。

接着，他双手在地上一按，身体又慢慢直起来，整个身子倾斜着，向第二尊钟撞去。

钟，血肉横飞的钟，晃动着，轰鸣着。

曾侯带血的长发，像云一样慢慢地扫过银幕，在空中画了一个大圈。

血肉模糊的脸。

像鸟翅一样扇动着的衣袖。

又一尊血染的钟晃动起来。

曾侯竭力爬起来，往身后狠命地一甩长发，然后，把整个身子横跃起来，撞向最大的一尊钟。

“嗡……”钟，滴血的钟，竟然从挂钩上被撞了下来，摔在地上，摔裂了一条缝。

钟的隧部，艳红艳红的血中，依稀可见两个篆字“大羽”。

师苍率众人推倒大门，冲了进来，只见一排排带血的钟，参差错落地晃动着。

曾侯伏在地上，血肉模糊。

楚宫。

楚王躺在病榻上，楚夫人、熊中等人侍立在侧。

一官吏急趋而入，向熊中、太宰禀报着什么。

楚王竭力睁开眼睛：“什……么事……？”

熊中伏首奏道：“父王，姬乙撞钟死了。”

楚王闭上眼睛，沉默了许久，才又睁开眼，一字一句地吩咐道：“以我的名义，赶铸一只镈钟，送去……祭奠他……”

楚宫的游廊上。

楚太宰：“没关系，公子。钟尽管铸，尽管送。钟前脚到，我率兵后脚跟，什么也跑不了……”

公子往楚王寝宫望了一眼：“那……父王知道了……”

楚太宰一低头：“大王，怕没几天了。”

公子不语。太宰（轻声地）：“用不了几天，楚国就是您的了。”

乌云密布，地阔天低。

地平线上，渐渐出现送葬的行列。队伍迤逦而来，旗幡遮天。战车上，是曾侯乙彩绘的棺椁。

后边的车上，是随葬的编钟。楚王赠送的镈钟，挂在醒目的位置。马皆白衣。

师苍全身缟素，坐在牛车上，踽踽而行。

妇女号丧之声，凄惨哀婉如楚歌。

人群来到墓地。墓穴洞开，武士们守在墓前，长长的戟尖上，系着低垂的白布带。

灵柩抬到墓旁。师苍跪，众从之。

师苍颤抖的手，把清商的玉佩端放在灵柩之上。

六十四件编钟和楚王所赠镈钟一起，一架一架入葬了。墓里，立着肃穆的乐工。

师苍旄头一举，钟磬之乐奏响了。曾侯忠诚的乐工，在墓穴里迎候他的到来。

灵柩动了。

吉金，指挥着下葬的武士们。

远远地，传来沉闷的雷声。

地平线上，起了烟尘。旗帜中间，隐约可见一个“楚”字。

吉金与几名曾将不安地报告师苍。

师苍不动声色。

葬礼继续进行着。

师苍仰起脸，用皮肤感觉着空气中的湿气。

灵柩进了一半。

楚兵的战车已历历在目了。

灵柩入穴了。吉金指挥大家往墓坑上安放巨大的坑木。

坑木下边，乐工仍在演奏，面容严肃庄重，看不到一丝慌乱惊恐的神色。

楚兵到了。

在楚太宰的指挥下，楚兵发动了进攻。

一场混战，在墓穴旁展开。这是真正的同种之间的搏斗。人们用兵器、棍棒、石块，甚至用牙、用指甲厮杀着。没有招数，没有章法，更没有漂亮洒脱的武术动作。充斥银幕的，只是肮脏带血的脸，半裸的肉体，横扫的棍棒。甚至，连喊杀声也听不到，撞击着人们耳鼓的，只有肉体被戳穿、被撕裂的声音，粗粗的喘气声，和偶尔发出的，野兽般的惨叫。

但在墓穴深处，却是人类灿烂的文明——礼乐。

鲜血，从墓上横陈的巨木间滴下来，溅到一个乐工的脸上。他擦也不擦，依旧抱槌撞钟：“嗡……”

一个楚兵惨叫着跌下来，正落到一个乐工脚下，他看也不看，照常追逐着节奏：“咣……”

悠悠万事，唯乐为大！身旁的战争，似乎与他们无关。乐工的生命，只存在旋律与节奏之中。

天空中，突然响起了一个炸雷。久旱的大地上，落下了第一点雨滴。

师苍的两眼红红的，他抬起头，一滴雨打在他脸上，他开怀大笑起来："啊……天！你睁开眼啦……下吧！下吧！……"

楚太宰冲过去，挥剑欲砍师苍。一曾兵从太宰背后，用长矛戳穿了他的身体。

吉金横抱一根大棒，不分曾楚，见人便扫，疯了似的叫着："鹿儿啊……"

一箭飞来，射进他的胸膛，他顽强地立了片刻，终于倒下了。

一楚兵见太宰已死，大叫一声："下雨啦……庄稼得救啦……"

扔下兵器，掉头便跑。

战场上所有的士兵，不管是楚兵还是曾兵，都不约而同地放下兵器，拥抱着从天而降的暴雨。

"下雨啦……"

"下雨啦……"

楚兵扔下兵器，纷纷向楚国跑去。

一个在泥水里滚动的曾兵，满脸分不清是雨还是血，哈哈大笑着……

雨停了。战争结束了。几个活着的曾人，搭好了最后一根横木，盖上了厚土。

东边，一弧彩虹。西天，一轮落日。大地上，布满了横七竖八的死尸。

最后几个曾人，和师苍告别，互相搀扶着，走向不可知的未来。

镜头缓缓拉开，广阔的地平线上，悬着一轮血红的落日。

落日的光轮里，一个孤独的剪影慢慢跪了下来。（定格）

师苍万分悲痛的画外音："我的曾国，你在哪里呀……"

歌声，合着钟磬之乐，訇然而起：

……

金石可裂，

日月可灭。

万世奔流，

唯有吾血。

一行字幕，缓缓拉上来，同时，映出曾侯乙墓出土的纪录片。

前433年，曾侯乙下葬。次年，楚惠王熊章卒，楚简王熊中立。

1977年9月，在中华人民共和国随县境内，出土了一座古墓。墓中出土的64件编钟，按半音阶排列，十二音齐全，每钟可发两音，几乎包括了一架现代钢琴的全部音列，可以演奏现代复杂的大型乐曲。人们把这20世纪最重要的考古发现，称为“世界第九大奇迹”。

当全世界的音乐家们为此激动的同时，历史学家们却在为“曾国之谜”困惑不解。一些严肃的史学家们坚持认为：曾国史无考。

（全剧终）

写于1984年8—9月

（原载《中外电视》1986年第2期）

杨贵妃

1. 晚霞璀璨。

广袤的原野上，驼队衬着晚霞迤逦而来。

（俯拍）行进中的驼队、车辆。

从各种角度、距离拍摄的驼队、驼、驼铃、车轮。

这是开元盛世，连昂首缓步的骆驼，也透出一种威严、雍容、气宇轩昂的大唐气象来。

（华丽而有气势的音乐）

（演职员表）

2. 碾过银幕的车轮停住了。

透过车辐，浅草托出一方斜立着的石碑。

石碑上三个老颜体大字：马嵬驿。

车门一开，跳出来一个活泼精灵的小女孩。她似乎毫无舟车之劳，兴趣盎然地看着世上的一切。

她围着石碑绕了一圈，然后用四川方言认真地念道："马山鬼……？"

她小眉头一皱，转身迎着刚刚下车的一个中年男人问道："伯父，啥子叫山鬼哟？——是不是头上长角，眼睛像两颗铜铃？"

这个男人是河南府士曹参军杨玄璬，他才从蜀中接回刚刚失父的侄女杨玉环，经马嵬，过长安，回洛阳。

杨玄璬慈爱地抚着她的头顶："哈！哪儿来的山鬼、水鬼，这个字念嵬。"

小玉环脸一红，一吐舌头，小声念："马——嵬——"

3. 马嵬驿旁的佛堂。

这是一座小佛堂，正房是供佛之处，偏房是僧舍。佛堂在小山坡上，有石阶蜿蜒通之，石阶旁，有数丛修竹。

小玉环顺着石阶，独自溜进佛堂。

佛堂进深极窄，又很暗，进门一步，便是一块蒲团。蒲团前边，便什么也看不清了。

小玉环的主观镜头，缓缓上移：

香案。

案上昏黄如豆的长明灯。

香炉，香烟缭绕。

如水般流泻下来的衣褶。

顺着香烟和衣褶往上看，再往上看，眼前似突然一亮——

释迦牟尼端庄、肃穆、慈悲而又透着威严的微笑，高挂在头顶上，如同朗日。

这是一座几乎和屋顶同高的释迦牟尼立像，由于佛堂的进深窄，一进门，便站到它的脚下，因此，要看清佛的真面必须仰视才成。

"释迦牟尼"的主观镜头：小玉环学着善男信女的样子，三拜礼佛，其姿若舞。

忽然，"当——"的一声，把小玉环吓了一跳。抬头看时，只见一面目清癯的老僧不知何时已侍立在香案东侧的阴影里，为她击磬祝福。

小玉环站起来，略显狼狈之色。

杨玄璬匆匆寻进来，对老僧行礼：“对不起，师父，这孩子，忒顽皮！”

他转身拉玉环：“快出去，这是佛堂，不是玩耍处！”

小玉环噘着嘴：“我知道嘛！”

老僧微笑着：“不妨事，不妨事。小施主今日来此是与老衲有缘呀！”

小玉环：“什么叫缘呀？”

老僧：“万事因缘生。世上的一切，都是因缘合和，也都如虚如幻，不可执着。”

小玉环更听不懂了，还想说什么，被杨玄璬拉着，走出佛堂：“老师父，打扰了！”

老僧微笑着送出门去，双手合十：“小施主，再来——”

佛堂两侧的门旁，一副对联赫然在目：

梵钟惊世看世界奇奇妙妙幻象万种；

木鱼喻人叹人生起起落落大梦一场。

4.洛阳。七月七。

天庭上，横陈着耿耿银河。牛郎星与织女星，遥遥相望。

葡萄架下，小玉环与和她同样大的小丫头红桃在扎纸船。

纸船扎好了，小玉环往上放蜡烛。

小玉环一边做事，一边吃着葡萄，还一边说：“我奶奶告诉我的，今天夜里，牛郎会织女，夜半的时候，你静静听，能听见他们俩说悄悄话。奶奶说，谁要能听见，谁长大了就能找个好丈夫……”

红桃：“啥样的是好丈夫呀？”

玉环：“疼你呗，俩人真心好，谁也不骗谁。”

红桃崇拜地看着什么都懂的小玉环。然后，两人放下纸船，静静地听。

蟋蟀，悠悠地唱着。

红桃："……你听见啦？"

小玉环懊恼地摇摇头，说："没……"

毕竟是孩子，她立刻又高兴起来，拉着红桃："走，咱们去放船！"

湖边，两只小纸船被四只小手郑重地放进水里。

一支古朴的童谣，轻轻地响起：

七月七，七月七，
牛郎会织女。
天长长，地长长，
织女爱牛郎……

浓浓的夜色中，波光粼粼的水面上，两点小小的烛光，渐渐远去了。

5. 方才碾过银幕的车轮又动了，如日月轮回。

但木制的破旧车轮早已变成了红漆金钉的皇家銮舆的车轮。

车停在东都皇宫的端门前。

门开了，新婚的寿王搀着身穿大红吉服、满头珠翠的新娘下了车。她低着头，看不清她的面目。

皇宫的大门一扇接一扇地打开了，门侧道旁的武士，执戟行礼。

礼炮轰隆，号角长鸣。

长长的石阶，一扇接一扇的宫门。镜头跟在这一对新人的背后，不停地推进去。

相者悠长的声音："妃朝见礼——新郎寿王瑁，新娘杨妃玉环，朝见父皇、皇妃——"

大唐天子李隆基与寿王瑁的母亲武惠妃端坐在含元殿的龙榻之上，接受朝拜。

（字幕）

大唐开元二十三年（735）十二月二十四日，十七岁的杨玉环被册封为寿王妃。次日，在“妃朝见礼”上，她第一次看到了大唐天子李隆基。

五十岁的李隆基神清目朗，他捻着飘逸的髭须，微微笑着：“儿妃，抬起头来——”

杨玉环缓缓抬头，四目相视。

她粲然一笑，风华绝代。

如电光石火，玄宗脸上的笑容一下子凝住了。他戎马半生、风流一世，竟没有见过如此惊心动魄的女人！

武惠妃见他有点失态，轻咳了一声。

玄宗如梦初醒（讪讪地）：“吾儿平身，吾儿平身。”

寿王与玉环：“谢父皇。”

二人站起身来，无意中交换了一下目光，这短短的却充满了柔情蜜意的一瞥，没有逃过玄宗锐利的眼睛。

玄宗（艳羡地）：“十八子，你好福气呀！”

6. 自东都洛阳返长安的路上，车驾逶迤，旗幡飘舞。

（字幕）

开元二十四年（736）冬十月，新婚的寿王夫妇随玄宗驾返长安。

寿王骑马，与寿妃的鸾车并肩而行。

玉环在车中不停地向外看，在她眼中，周围的一草一木，都那么新奇、可爱。她同时不停地招呼着寿王靠近车舆，隔着帘、窗和寿王讲话。寿王也同样兴高采烈，二人似乎须臾也不能分开。

玉环："哎，看得见父皇的车辇吗？"

寿王："远着呢，光能看见旗帜。"

玉环："父皇与母亲，是在一驾车里吗？"

寿王："大概是吧——谁知道。"

玉环："那么，你也和我同车吧。"

寿王笑笑："你的车，太小了。"

玉环一噘嘴，可立刻又笑了："那——太子殿下的车驾呢？"

寿王："嗯……看见了，在前边不远。"

玉环轻轻招呼寿王："来，过来点！"

寿王从马上俯过身来，玉环玉笋般的纤手从帘隙中伸出，迅速地把一枚果子塞到寿王嘴里。

寿王环顾左右，偷偷地咀嚼着。二人隔窗相视，含情脉脉。

7. 长安的宫城，巍峨壮丽。

迎驾的官员，迎驾的士兵，迎驾的人群。

鼓乐声中，车队驶进长安——这座当时世界上最繁华的都城。

车中的玉环，双手放在胸前，微合双目，轻声说："哦，我的家。"

8. 寿王邸。

玉环怀抱琵琶，款款而弹。寿王持五弦和之。

这是风靡长安的名曲《绿腰》(《六幺》)，在从柔曼的引子进入轻灵的正拍时，寿王跟不上了，他不好意思地停下来，看着玉环。

玉环神采飞扬，独自奏完了这段。

寿王用手拍着五弦的琴板，赞道："精彩！精彩！"

玉环嗔怪地："跟着弹呀！光看我干吗?!"

寿王讪讪地笑着："你弹得太快了，可惜我没有父皇的天才……"

玉环："没关系，慢慢练嘛。来，我教你。入拍的时候，下拨要果断。"

乐声又起，似有琴瑟谐和之韵味。

未几，一宫女匆匆入，跪奏："寿王殿下，王妃殿下：陛下有旨，命十五宅诸王子、王孙、公主，即刻上殿听宣。"

两人互相看了一眼，似有沉重之感。

一阵风从窗外吹进，乐谱被吹落在地。

9. **近百名王子、王孙、公主跪伏在地。**

高力士厉声宣旨："奉天承运，皇帝诏曰……太子瑛、鄂王瑶、光王琚、驸马薛锈图谋不轨，常构异谋，前者曾诉怨结党于内第，近日竟蓄谋兵变于密室，实属罪大恶极、罪不容赦。敕命剥夺瑛、瑶、琚三人名号，废为庶人，流薛锈于瀼州……"

众皆大惊失色。太子瑛、李瑶、李琚面如土灰，觳觫不止。

此旨刚刚宣毕，忽然，又一宦官奔入，手捧第二道圣旨，递与高力士。力士展而宣之："……赐三庶人死！"

李瑛及瑶、琚或伏地不起，或号而啕之，大叫："父皇明鉴，儿冤枉啊……"

声声裂胆！

高力士拂袖而去，内侍官及羽林军架起三子，拖向门外。太子瑛的金冠被摘下。

这突如其来的风暴，这声声滴血般的哭喊，强烈地震撼了天真、善良，尚沉浸在新婚之乐中的玉环。她茫然若失，痛苦万状。对这遽然发生的一切，对这宫廷中特有的噬亲之举，她不能理解，也不能接受。她抬起眼来，去看她的夫君，她希望从寿王的眼睛里觅到同情、找到答案。然而，她却惊愕了，从寿王的眼睛里，她捕捉到了一丝一闪而过却又真真切切的东西。却不是同情、不是痛苦、不是兔死狐悲的战栗，而是——某种如愿以偿，甚或幸灾乐祸的感觉。

玉环茫然、痛苦的眼睛。

10. 通往勤政殿的甬道里。

高力士匆匆而出，劈头撞见当朝权相李林甫。

二人同时打拱：

“李大人。”

“高公公。”

李林甫向勤政殿一努嘴：“圣上——”

高力士脸上毫无表情：“在等你。”

李林甫答应一声，侧身让过高力士，刚刚要走，仿佛忽然想起什么，又转身：“高公公！”

力士亦驻步，转身只听他说。

李林甫沉吟片刻，皱着眉，似忧心忡忡地：“高公公——太子瑛赐死已有时日，这新太子的册立……圣上可有所思？”

高力士做出一副很专注的神情：“李大人的意思是——”

李林甫：“我倒还没有什么定见，我只是觉得寿王沉稳忠厚，似乎可以……公公您看呢？”

力士莞尔一笑（淡淡地）：“这是圣上家事，我不好多嘴。”

说罢，拱拱手，飘然而去。

李林甫恨恨地望了一眼他的背影，转身向勤政殿走去。

11. 后宫御花园。

假山如林。彩石铺成的小路蜿蜒其间。山上路旁，佳木芳葩已成秋色，红叶铺地。

武惠妃与寿王瑁穿行其间，几名宫女紧跟着，杨玉环独自落在最后，她一边走，一边摘拾着路边的鲜花与红叶。

武惠妃对寿王："……立太子的事，不能再拖了，李丞相已和圣上说了几次，可圣上既没说是，也没说否。我想干脆亲自说，古人不是也说'内举不避亲'嘛，只是……"

忽然，她眼睛直勾勾地望着前边，手指着假山石，嘴唇哆嗦着，说不出话来。

假山石上，太子瑛无声地狞笑着。

武惠妃恐怖至极，又指着第二块、第三块山石。

鄂王瑶、光王琚，皆披头散发，或蹲或踞，绿脸红舌，面目狰狞。

武惠妃大叫一声，往后便倒。

寿王与众宫女急忙扶起她。玉环也赶快跑过来，问："怎么啦?"惠妃什么话也说不出，只是指着山石手指乱抖。

玉环随她手指看去，只见山石兀立，树影婆娑。

12. 数月之后，武惠妃寝宫。

武惠妃病卧在榻，寿王与玉环旁侍在侧。

惠妃拉着寿王的手，声音凄楚："瑁儿……倘若老天……有眼，让我再……多活……几天，你就能……当上……太……子……"

寿王垂泪后言："妈……"

武惠妃拉着寿王的手，似渐渐沉入梦乡。寿王轻轻抽出手，玉环为惠妃轻轻掖了掖被角，二人刚要悄悄离去，惠妃突然大睁双眼，双手在空中乱抓，嘴里吐着白沫，声音凄厉地尖叫："滚！……滚！……我不怕你们！"

寿王与王妃急忙上前，但按捺不住。数名宫女、太监一拥而上，七手八脚，想把她按倒在床上。但武惠妃似乎有天大的力气，她猛地把众人甩开，一挺身，从床上跳了下来。她披头散发，手足乱舞："……瑛儿、瑶儿、琚儿……是我害死的你们……哈哈哈……是我……我要我的瑁儿当太子……哈……我的瑁儿……你……你不能走……"

武惠妃变了形的面孔。

震耳欲聋的、疯人的喊声。

13.“贞顺皇后”陵。茫茫大雪。

送葬的队伍，一片缟素。

寿王与王妃着丧服，扶柩而行。

（字幕）：

开元二十五年（737）十二月丙午，玄宗宠爱的武惠妃病逝于兴庆宫，谥封为贞顺皇后。

14. 骊山，温泉宫。

鲜花丛中，众嫔妃浓妆艳抹，争奇斗艳。

玄宗已微醉。他高踞台上，眺望着如云的美女。

高力士手持一碧玉雕成的玉蝴蝶，递与众嫔妃：

“圣上有旨，众妃围成一圈，传此玉蝶，听圣上羯鼓声停时，此蝶在谁手中，谁便入侍寝宫，承恩叼露咯！”

众嫔妃欢叫一声，兴高采烈地围成一圈。玄宗哈哈大笑，摇摇晃晃地走到羯鼓前。乐工马仙期恭恭敬敬递上鼓槌。

玄宗背对着众嫔妃，擂起了羯鼓。这是玄宗自己的佳构、名噪一时的羯鼓曲《春光好》。

“头如青山峰，手如白雨点。”随着暴雨般倾泻的鼓声，玉蝶在嫔妃们手中迅速传递着。

鼓声多变，玉蝶翻飞。

鼓声迅疾，玉蝶便传得快；鼓声滞涩，玉蝶就传得慢。忽然，鼓声似停，一妃持蝶在手，她微合双目、酥胸起伏，面露喜色。谁知，那鼓声只是迟疑了一下，忽又转急。那妃持蝶不放，她边上的一妃劈手夺过来，嘴中轻蔑地哼一声，玉蝶又传下去。

鼓声忽急忽慢，时断时续，一会儿像暴风疾雨，一会儿似檐角滴露。随着玉蝶的流转，众嫔妃也忽喜忽悲，忽而欣喜欲狂，忽而跌足长叹，众生众相，不一而足。然而，只要鼓声不停，便总有希望在传递。

突然，玄宗一抖双臂，双槌并落，鼓声戛然而止。

手持玉蝶的妃子瞠目，大张着嘴，似不相信自己的幸运。

众嫔妃一声尖叫之后，立刻静默下来。失望、沮丧，又明显地带着妒意和艳羡，恨恨地瞧着那惊喜过望的妃子。

玄宗大笑，招手：“来！来！让朕瞧瞧！”

妃子双手紧捧着玉蝶，被宦官引上台阶。她过于激动，以至不能自持，涕泗横流。

玄宗见她泪汪汪的粉面，红肿的双眼，大煞风景，顿露不悦之色：“哭什么?！难道你不高兴吗?！”

妃子惶惑不已（可怜巴巴地）：“不……不！……臣妾……”

不知所云。

玄宗兴致全无，哼了一声，把鼓槌一摔，拂袖而去。

妃子大惊，膝行数步，疯了似的伸出手去，想要抓住转瞬即逝的希望：“陛下——”

玉蝶落地，妃子泣不成声。

高力士冲她一跺脚，又恨又气，甩下妃子，转身跟了进去。

乐停。众乐工似乎漠然的神情。

众嫔妃面面相觑，神情复杂，人各不同。

那个倒霉的妃子，晕倒在地。

摔碎了的玉蝶。

15. 温泉宫，内殿。

李隆基在与高力士对弈。玄宗执黑，力士执白。

玄宗举棋不定。

力士极恭敬地抬眼问道：“陛下这几天有些郁闷，莫非……”

玄宗按下棋子，并不看他：“你是吾家老奴，焉可不知朕意。”

力士保养得很好的、女人似的手指在棋盒内摸索着：“……老奴听说，寿王妃……”

那手指拈起一枚白子，叩在棋盘上。

玄宗在黑子盒中寻觅的手指微微停了一下，随即，一颗晶莹剔透的墨玉棋子被夹了起来，悬在空中。

玄宗的声音：（此时的银幕上，只有两只各执黑白棋子的手，以及布阵的棋盘，玄宗与力士的交谈，只闻其声而已）“……她……怎样？”

黑子落在棋盘上，“啪”的一声。

一枚白子，围在黑子旁边：“……老奴听说，寿王妃……”

玄宗的手指不耐烦地在棋盒中搜寻着，棋子哗啦啦地响。力士的声音却又停住了。

一枚黑子“啪”地落在棋盘上。

白子紧跟着贴在黑子旁边。

圆圆的黑棋盒上空空的。

力士慢慢抬起眼来，玄宗正望着他。

力士立刻满脸堆笑，似刚从棋战中醒过来：“噢，奴才听说，寿王妃出阁之前，不仅是洛阳第一美女，且妙解音律、能歌善舞，尤善击磬、琵琶。那胡旋舞，更是转若飘蓬，泠泠然如仙女下凡……”

玄宗极有兴致地听着，随手落下一子：“她……你怎么知道？”

力士却不答言，站起来，恭恭敬敬地行了一个礼：“陛下恕奴才无礼，奴才赢了这盘。”

玄宗呆望着棋盘，手指上，一枚晶莹的墨玉棋子，烁烁放光。

16. 寿王在骊山的住处。属于他的小花园，但由于是在骊山，又是禁地，所以花墙很矮。

两棵高大的树枝间，吊着一架秋千。

寿王在树荫下与玉环并坐，矮几上，略备酒肴。

侍女红桃在荡秋千，玉环高声：“高一点！……再高一点。”

红桃停下秋千，坐在荡板上，以手抚额，笑着说：“哎呀呀，头晕死了！”

玉环把嘴中的果皮吐掉，站起来：“看我的！”

玉环身穿窄袖露胸的胡服，娇艳异常。

她立在荡板上，使劲荡起来。寿王喊：“小心！”

玉环却越荡越高，几乎和树顶相平了，可她还在荡。银铃般的笑声，随着秋千的起落，洒向花园内外。

院外。矮墙的树丛间，站着悄然而至的玄宗和高力士。

玉环的喇叭口大红紧身裤，把玉环丰腴性感的曲线尽情地勾勒在蓝天上、绿荫中。

玄宗痴迷的眼睛。

玉环欢笑着的、灿如朝霞的脸。

用力荡来荡去的、健美的腿。

只有穿胡服才能显出的丰臀细腰。

忽然，秋千上的玉环双手一松——

玄宗与寿王同时大喊出来："当心——"

玉环轻盈落地。

众人发现玄宗，跪拜。

寿王惊愕："父皇，您……"

玄宗不语，只是直勾勾地看着玉环。

玉环刚刚结束剧烈的运动，脸颊绯红，鬓发微乱，酥胸起伏。鼻翼上几滴依稀可见的汗珠儿，仿佛梨花瓣上的朝露，光彩照人。

17. 玄宗寝宫。窗外，斜月如钩。

盛怒的李隆基一边踱来踱去，一边高叫着："朕是大唐天子！普天之下，莫非王土！率土之滨，莫非王臣！世上所有，皆归于朕！为什么得不到一个女人！嗯?！你说！"

高力士低眉顺眼，频频点头，却不说话。他在等玄宗盛怒稍息。

玄宗忽然转过身来，用手指点着高力士："哼！我想起来了，当初这寿王妃，还是你选的！是不是?！"

力士低声细语地："是老奴奉旨选的。"

玄宗："什么旨?!"

力士话语虽低，却字字真切："要出身公辅之门，要品淑貌美，要……"

玄宗猛地一拍桌子："别说了!"

一屁股坐在龙榻上，半晌不说话。高力士亦无言，只偶尔偷看一眼皇帝。

半天，玄宗才放低声音（幽幽地）："可如此难得的美人……"

玄宗无奈地摇摇头，欲语还停。但片刻之后，他却猛一抬头，双目炯炯："朕是大唐天子！朕所爱的东西，岂能他落?！——力士!"

高力士伏地听命："奴才在。"

玄宗（一字一顿地）："我要这个女人！你来办!"

力士叩首（平静而胸有成竹地）："遵——旨。"

18. 次日清晨。骊山山间的车道上，镶着皇家纹饰的华贵马车辚辚而来。几十个羽林军和骑士护卫而行。

车中，并肩坐着高力士和寿王妃。

高力士："皇上宣你不是为了别的，前些时候，河西节度使杨敬述觐见，献上一首西凉佛曲，叫《婆罗门》。其实，这曲子原是天竺的古曲。陛下爱它的活泼，可又嫌它不够典雅，不如华夏正声有大国气度，便增删了几处，多有润色。前几天，亲教梨园弟子奏了几遍。陛下听说王妃精通音律，又善创舞，有意请王妃来听一听，看看还有何改动处……"

玉环（真诚地）："陛下洞晓音律，世人皆知，都说古代的乐圣夔、旷，都比不上当今皇帝，我怎么敢……"

车窗外，骊山的碧色，浓浓密密。

19. 骊宫。

梨园及教坊的精华咸集于此：羯鼓李龟年、琵琶贺怀智、箜篌张野狐、方响马仙期……

玄宗手持玉笛，在领奏一段柔曼的引子。

高力士引玉环进来，默立在垂幕之后。

引子奏毕，乐工们在玄宗的指挥下进入“中序”。这即是原来的《婆罗门》曲，声调激越，充满异国风情。

这音乐的节奏，强烈、撩人，又有些熟悉。玉环的眼前，突然出现了幼时随叔父离蜀进中原时的一幕。

20.（如镜头 1）晚霞璀璨。

一支西域商队沿着大路缓缓走来。几十匹高大的骆驼上，驮着沉重的货物，骑着金发碧眼的商客。

小玉环和杨玄璬坐的车子，和驼队相遇了。

小玉环惊喜地向着窗外大叫：“伯父，快看！那是啥子哟？”

也许是快进城了，商队前边的几匹骆驼上，几个高鼻虬髯的胡人，兴高采烈地奏着乐器、唱着胡曲。

一个婀娜的胡女，边歌边舞、美目流盼，旋转着，行进在驼队前。

小玉环看呆了，她拍着手，不顾一切地跳下车，情不自禁地学着胡女的样子，也手舞足蹈地旋转着，跟在舞女身后，向回走……

21. 玉环在音乐声中忘情地扭动腰肢，她忘记了这是大唐天子的皇宫，仿佛回到了当年那商旅云奔的大路上。

纱幕晃动，玄宗抬眼，看见了天真、忘情的玉环。他按在笛孔上的手指停住了，只顾看她。

突然，玉环看见了玄宗犀利的目光。她猛地意识到自己的失态，一时不知所措。

玄宗宽厚地笑了。玉环的瞬间局促，在玄宗眼里，是小儿女态，是别样风情，是千娇百媚。

隔着帘幕、隔着乐工，隔着音乐负载着的空间和时间，四目相视了。

这是直入人心的一瞥，音乐，使这一瞬成了可能，也使这一瞬成为永恒。

玉环低眉、掠鬓、敛容。

乐工们发现玄宗停止了吹奏，莫名其妙地也停了下来。

玄宗哈哈大笑，他扔下玉笛，大步从乐工中走过，迎接窘态十足的玉环。

玉环："寿王妃参见父皇。"

她刚要跪拜，抢步上来的玄宗双手把她拉起来："来！来！到这边来！"

玄宗把她引到殿中间的红氍毹上，问："你学过胡旋？"

玉环（羞涩地）："……小时候，跟一个胡女，学过一点儿……"

玄宗（高兴地）："好！好！我们再来，你跳！"

说罢，他转身走到羯鼓前，把鼓槌从李龟年手中夺过来。他兴奋地高举双槌，示意乐工起乐。乐工们刚要奏，玉环叫一声："父皇，儿……"

玄宗不理她，只管敲了下去。羯鼓，是八音领袖，鼓声一起，众乐齐随。

玉环可怜巴巴地看着父皇，一副柔弱无助的样子。玄宗冲她挤挤眼，示意她大胆跳。

乐声铿锵。玄宗双臂飞舞，刚健、潇洒，充满男性的阳刚之气，全无一丝老态。他孩子气地挤眼努嘴，让玉环渐渐恢复了自我。

她起步了。是"小垂手"，如湖畔的垂柳，袅袅地、懒懒地。

鼓声渐促，乐声转急。玉环猛一翻身，矫如惊鸿。

她转了起来。起初，还缓缓地，如风中飘雪。慢慢地，越转越快，如雷如电。（叠印）玄宗暴雨般飞落的鼓点。玉环旋转着的裙裾和充满生命韵律的足尖。

22. 寿王的寝室。

玉环仍兴奋不已。她对寿王比比画画说："……父皇说，他梦醒之后，眼前还总闪着那月中的仙女们，全是素练霓裳，围着他跳呀，转呀……梦里的那支曲子，也总在心里唱。父皇便把它记下来，正好接在《婆罗门》前头当散序，可以说是天衣无缝。来，我吹给你听！"

玉环拿起玄宗刚刚吹过的那支玉笛要吹，寿王拦住她："都什么时候了？明天吧。"

23. 卧榻之上。

玉环云鬓散乱，似云雨初收。二人还紧抱着。玉环枕在寿王的臂弯里，微合双目，笑靥如花。

音乐，仍在她心中翻卷。

她睁开眼，似乎想说什么。忽然，她看到寿王双目炯炯，仰望着帷顶，毫无睡意。她支起上身（奇怪地）："阿瑁，你今天怎么不困？想什么呢？"

寿王仍然望着帷顶。他双手枕在头下（无限神往地）："看父皇待你这么好，我当太子有望了。"

玉环眼中失望的神色。

她转过身去，轻轻说："天都快亮了，睡吧。"

24. 骊山行宫的马球场。

球场四周，旗帜在风中呼啦啦地飘。

青草地上，一只白色的马球滚了过来。球杆像风似的掠过银幕，球被击飞了。

“好球——”球场四周观球的达官仕女们，齐声叫好。

身着雪白绣金团龙球衣的李隆基骑着一匹黑炭般的“天马”，英姿勃发，纵马飞奔。

杨玉环着红衣，骑白马，紧随其后。

玄宗一勒马，转身对玉环：“就这样打！看见了吗？”

玉环面色赤红，敬佩地点头。

玄宗向前一指，说声：“上……”

玉环一伏身，策马追过去，抡圆了球杆向球击去。她姿态优美，却击空了。

玄宗哈哈大笑。

25. 球场外，观球的寿王和其他王子们一样活跃。平时在十王宅，不准与大臣们交往，在骊山，这束缚便松了许多。而在马球场上，便成了一个难得的社交场合。

寿王与忠王李玙、忠王妃张良娣互相见礼。

寿王：“三兄、三嫂，近日可好？”

李玙刚说声“还好”，张良娣便在旁插言道：“再好也不如瑁弟呀！”

寿王双手一摊：“我有什么好？”

张良娣：“哟，怎么不好？连百姓都知道，家有贤妻是桩宝。你看，父皇对玉环有多好！我虽然和她同时被册为王妃，可连她的一根汗毛也比不了……”

说着，她向场上一努嘴。众随她的指示看去，只见玄宗与玉环并辔而骑，不知为什么，正笑得前仰后合。

寿王笑着摇摇头：“承蒙父皇错爱，不过陪父皇散散心而已……”

26. 球场另一隅。

寿王与李林甫说了些什么，李林甫显得极诚挚地：“贞顺皇后生前，我就和圣上提过几次，可圣上就是金口难开。现在，贞顺皇后虽不在了，我李林甫拥戴寿王的意思，是绝不会变的！请殿下放心，皇后虽不在了，可圣上的心，我看还是在寿王殿下身上……你看——”

李林甫向场上一努嘴，二人望去，只见玄宗刚刚打了一个漂亮球，正回首向玉环炫耀。玉环则拍手欢呼，二人状极亲密。

寿王与李林甫相视一笑。

忽然，寿王脸沉了下来，他似乎发现了什么——

寿王的主观镜头：

（中景）玉环挥拍击球，坐骑猛地向旁边一闪，玉环险些摔下。玄宗恰好赶到，伸臂搂定了她。玉环回眸，玄宗正热辣辣地望着她。玉环羞涩地一低头，策马而去……

（焦距调向远景）透过马球场上的一切，在球场的另一端，忠王李玙的妃子张良娣，正在与高力士谈着什么。

寿王沉郁的脸。

玉环忽然尖声高叫起来，沉思的寿王急循声望去，球场上，球赛正酣，玉环刚刚打了一个漂亮的球。

27. 宫中。

玄宗、玉环和乐工们在练习新编的段落。

玄宗吹了一句新腔，示意玉环记下来。玄宗以笛度音，玉环以笔记之。

高力士暗中示意众乐工退下。

众乐工悄然而退。高力士亦退下，并向玄宗点首示意。

玉环不知，她专心记谱，嘴中喃喃。

忽然，玄宗从背后抱住了她。

玉环大惊，她猛地一挣，竟挣脱了。

玄宗的双目，喷吐着欲火。

玉环惊愕："父皇……"

玄宗紧逼上来，又一把抱住了她："朕……想你想得好苦！"

玄宗的嘴唇强吻过来，玉环拼命用手挡住，头向后仰（哀哀地）："父皇……不行啊！"

玄宗猛地把她按倒在案子上，不顾一切地："我……要你！"

玉环挣脱不得，她急中生智，在倒下去的同时，偷偷用脚勾倒了一架箜篌。

箜篌倒下来，砸在玄宗的腰上，轰然一声，众弦齐鸣。

连砸带吓，玄宗一愣的工夫，玉环一挺身跳了起来。

玉环躲到那架巨大的编磬之后，苦苦哀告："父皇……我是您的儿媳呀……"

玄宗低吼着："我不管……"

他想从左边绕，玉环逃向右边；他从右边绕，她又逃向左边。玄宗声东击西，佯作从左绕，却急向右绕去，不想，一脚绊在磬架的狮座上，摔倒了。

玉环吓坏了，忙奔过去，想扶他起来。玄宗就势一拉，又翻身压在玉环身上。

玄宗在喘，身下的玉环也在喘，两人都没力气再动。

喘息片刻，玄宗方要动作，玉环却似乎横下一条心，决绝而又冷静地说："父皇，这样，你可以得到我的身子，却得不到我的心！"

说罢，便闭上双眼，咬紧牙关，像死人一样，再不说话。只有委屈的眼泪，从紧闭着的长睫下汩汩流出。

没想到，玄宗却慌了。他摇动玉环的双肩："哎呀，你……这是何必呢？"

玉环闭着眼，微微摇摇头，轻声说："我和寿王，是真心相爱！"

玄宗愣了片刻，猛地把她一推，站了起来。他似乎被刺伤了帝王的自尊心，挥拳大叫："我是大唐天子！——"

玉环睁开泪眼，跪在地上："君可叫臣死，但不能强使女人……爱。"

玄宗大怒，他大叫一声："放肆——"

气急败坏地抄起一架琵琶，摔在地上。紫檀螺钿琵琶，弦断身裂。

刚才不知在何处的高力士忽然走进来，伏地跪奏："陛下，车已备好，王妃该起驾了。"

玄宗无奈地摆摆手。玉环匆匆礼拜，低着头走下。

28. 当晚。

玄宗手抚着断了弦的琵琶，默默不语。

高力士（轻声地）："……此事，急不得呀！"

玄宗（恨恨地）："朕贵为大唐天子，居然降不住一个妇人！"

高力士（悠悠地）："陛下过去不是总说，太驯服的马骑着没意思嘛……"

玄宗渐释然。

29. 寿王寝殿，红烛滴泪。

玉环抽泣着："我真没想到，父皇他会这样……"

寿王紧皱眉头，咬牙切齿，沉默不语。

玉环："……我当时，真吓坏了……"

寿王站起来，在屋中踱来踱去地转了几圈，背朝着玉环，一言不发。

玉环看他痛苦至极，缓步走到他背后，把手轻按在他肩上，侧脸贴在他背上。

寿王一怔，猛地抽身闪开。玉环不解地望着他。

寿王一跺脚，猛地爆发出来："你……你这贱人！准是你勾引父皇，才有这样的事！"

玉环像被人抽了一个耳光，她摇晃了一下身子，困难地站住了："什么？……你说什么？"

寿王大吼："丢脸！"

玉环撑住身子，泪眼婆娑，竭力想看清眼前这个忽然陌生了的丈夫。

寿王因痛苦和嫉妒而扭曲了的面孔。

玉环猛地扑向卧榻，无声地呜咽着，只有她俊俏的肩头，在剧烈地抽动。

寿王，也猛地伏案，大声哭起来。

30. 清晨，玉环在默默地梳妆。寿王像狼似的在屋中踱着，面容阴郁。

一会儿，寿王要说什么，却欲言又止，继续转着圈儿。

玉环似心平如镜。

寿王终于按捺不住，俯身问道："……你……你们到底做了那事没有？"

玉环在镜中看了他一眼，一言不发。

镜中，如花似玉的玉环。猥琐的寿王。

寿王叹一声，抱头坐在床上。

红桃走进来："殿下，高公公来了。"

寿王猛一抬头，起身，忙向外走。

玉环似未听到，纹丝不动。

不一会儿，寿王进来（悻悻地）："玉环，高公公来接你进宫，父皇……"

玉环（斩钉截铁地）："我不去！"

寿王（大惊失色）："哎呀……父皇召你，不去怎么行啊？圣旨……违不得呀！"

玉环轻蔑地看他一眼："我可不愿去勾引……"

她话音未落，寿王赶忙伸手捂住她的嘴："小奶奶……要杀头的呀！"

玉环哼了一声，继续梳妆。

寿王搓手，不知所措。

忽然，寿王似大梦初醒，又像完全变了一个人似的："……其实，父皇对我们，真是恩如天高。再说，君叫臣死，臣不得不死；父叫子亡，子不得不亡。这就是忠孝之道！只要能让父皇高兴，我们做儿女的，应该死而无怨……"玉环惊讶至极，瞠目而视。

寿王却越发慷慨："所以，你一定要去！还要让父皇高兴！"

玉环雍容地立起身来（不解地）："为什么？"

寿王左右环顾了一下，低声说："哎呀！你怎么这么没脑子！……太子的位置，还空着呢！"

玉环的眼睛里，说不清更多的是对他的鄙夷、怜悯，还是对自己爱情的失落、惆怅。她停了片刻，一言未发，昂着头，漠然地向外走去。

31. 温泉宫大殿。金碧辉煌、张灯结彩。

玄宗在大宴群臣和各国使节。

梨园小部音声的孩子们在奏法曲。

教坊的艺人们在演“参军戏”“代面”。

百尺竿头，王大娘如履平地。

《破阵乐》开始了。鼓声震天。武士们行列严整，进退有序、威武雄壮。

百官开怀。

众使臣频频点头，膺服于大唐文化。

玄宗突然清了清喉咙，做了一个手势，乐骤停。

玄宗：“诸位爱卿，诸位大使：朕今日有一新曲，本无名目。恰好刚才南诏国使进贡了一件稀世之宝——用孔雀翎毛织成的女裙，已赐予寿王妃。这首乐曲，就姑且叫作《霓裳羽衣曲》吧……”

李林甫等人带头欢呼。玄宗一挥手，《霓裳羽衣曲》开始了。

身着雪白衣裙，披着白纱飘带的仙女们飘然上场，像清明的梨花雨，纷纷扬扬。

清亮高洁的笛声，在追述那月宫中的梦境。

仙女们聚拢，又散开，再聚拢，再散开，风舒云卷，如梦如幻。

身着羽衣的贵妃出场了。她翩然起舞，说不尽的千种风情、摹不完的万方仪态。天所独钟，地所异蕴。斯人斯舞，出现于盛唐，是大自然的造化，是天生尤物，也是中华几千年文明史的杰作。

玉环忘情地舞着，在音乐中，在高速的旋转中，她忘掉了人间的烦恼，超凡脱俗，达到了尽善尽美、物我两忘的境界。

一曲长长的引声，使音乐结束在寥远的空间里。玉环舞罢，五色斑驳，如霓虹般闪烁着的翠羽长裙飘然垂地。玉环俏立在仙女们中间，如花中的独蕊，如兀立在花丛中的孔雀。

众宾客高呼万岁，声震屋宇。

几名外国使臣竟至飞觞抛帽、手舞足蹈。不仅有幸看过这场演出的人，将终生难忘，百年之后，这乐，这舞，依然像传说一样流传在诗人们瑰丽的诗句中。

玄宗望着绝艳的玉环，竟不知今夕何夕。

32. 玉环刚刚卸下舞裙，残妆未退。她手抚着羽衣，眼前晃动着玄宗那灼人的目光。

她把羽衣放在膝上，抬起朦胧的眼睛，轻叹了一口气。

忽然，红桃进来，喜盈盈地："殿下，陛下有旨，王妃舞乐辛苦，赐浴华清池。"

玉环："华清池？"

红桃："是呀！那可是皇帝专用的御池呀！除了皇帝，没有人进去过！"

33. 玉环忐忑地走进第一道门。这是一间香气馥郁的暖阁，墙上挂满波斯壁毯，中间是一个三面围起来的、巨大的屏风。

四名侍女引玉环走进屏风，无声无息，但极熟练地为她宽衣解带。

一件件的首饰、衣纱，被另外的侍女恭恭敬敬地用托盘端了出来。侍女们皆低首敛容，举步轻捷。

绘着淡淡的水墨画的白纱屏风，隐约可见玉环的胴体。

最后一件亵衣被端了出来。

一件阔大的白麻巾被传了进去。

屏风大开，被围在白麻巾中的玉环出现了。她长发如瀑，风姿绰约。

四名侍女各持白麻巾的一角，把玉环围在中间，这阔大的白麻巾与其说是围在了她身上，不如说是四个站在她周围的侍女，用这白麻巾为她造成了一个小小的、贴身的屏风。

五个人一起款款地向前走。

白麻巾下的一双赤足，被四双宫女的软鞋簇拥着，向第二扇门走去。

门开了，赤着的双脚迈了进去。四双软鞋留在了门外。

门，无声地关上了。在门关上的同时，失去了牵掣的白麻巾，也无声地落在了地上。

34. 一双雪白的赤足，立在粉红色的大理石上。

玉环的主观镜头：

香雾蒸腾。

漂着花瓣的清漪。

池底，盛开着一朵巨大的、彩石砌成的莲花。花蕊，是一股股冒着气泡的泉眼。

池的四周，是砌成莲花状的石沿，粉红色的大理石阶漫向水底。

那双脚，一步步迈向水中。

漂在水中的长发。

她慢慢走向池中央，抬头望去。

穹顶，与池底的莲花遥遥相对，也雕着一朵巨大的莲花。

四周静极了，只有汩汩的水声。蒸汽，像山岫里的叆叇，在她身边盘旋、缭绕。

她舒了一口气，渐渐被温泉的柔波迷醉，尽情地嬉游着。

突然，她仿佛听到了什么，回眸一望。

只见如云似雾的蒸汽中，一个裸着的人形渐渐逼近。玉环惊问："谁？"

没有回答，也无须回答，玄宗张开双臂，把玉环光洁润泽的胴体搂在了怀里。

这突如其来的拥抱，是不可抗拒的。玉环似醉似迷，双目朦胧的、髻发湿湿的，她浑身的力气，全被温泉浸湿了，泡软了。

湿漉漉的双唇，吻在了一起。（高速摄影）疯狂的男子，娇柔、动情的女人。池水飞溅，碧水如花。摄影机绕着他们旋转，天地间的一切，都在旋转。《霓裳羽衣曲》汹涌的旋律中，夹着玄宗胜利的呼喊和玉环幸福的呻吟与尖叫。

35. 青玉榻上，慵懒无力的玉环斜斜地躺着。

披上衣服的玄宗走过来，坐在她身旁爱怜地望着她。

玉环轻轻摸着他的手："真没想到，你比寿王……棒多了！"

玄宗朗声大笑："当然，我是大唐天子嘛！"

36. 一张古旧的画像铺展在银幕上。老子，宽袍阔袖，笑眯眯地望着众人。

李林甫谄媚的脸："陛下，这就是臣在盩厔楼观山间找到的。陛下请看——"

李隆基与三位道姑打扮的公主——他的亲妹妹金仙公主、玉真公主、亲女儿万安公主，一起围上来观看。

金仙公主："真像老子呀！"

玉真公主："真是了不起！"

万安公主："这像，怕有五百年了吧？"

玄宗捻须微笑着："……那天做梦，玄元皇帝对我说，吾有像在京城西南百余里，汝速遣人求之，吾当与汝兴庆宫相见！你们看！还果然找到了！"

众皆啧啧称赞，李林甫："陛下，这是了不起的祥瑞呀！玄元皇帝托梦与陛下相见，臣果然在陛下梦中所说的地方找到了老子真容，玄元皇帝，佑护我唐，大唐兴旺、世世隆昌啊！"

玄宗大喜，他朗声命令："诏翰林供奉张画师，描摹玄元皇帝真容，从速送往各州开元观供奉……"

李林甫："陛下圣德！万岁万岁万万岁！"

他伏身跪拜后，忽又奏道："陛下——臣闻佛教自入东土，传布甚广，信徒日多。且寺院林立，所供佛像，奢华至极。佛教者，西方之教也，本非我中土所有。察众庶信佛而无知，皆自称为释氏子孙，诚乃忘祖之举。且前朝凡乱我李唐社稷的外姓，如韦后等，皆崇佛抑道。玄元皇帝李姓，为我李唐之祖。陛下至明至圣，与玄元皇帝梦中感应，实为李唐大兴之吉兆——臣窃以为，不如在命各州置观供奉玄元皇帝真容之时，同时供奉陛下御真影，供天下人礼拜，先圣今圣，万人同仰，望陛下恩准！"

他奏完，连连叩头。三位公主，齐拍手赞好。玄宗心满意足："爱卿，就照你说的办吧！"

崇佛的高力士，恨恨地望着李林甫，面色阴沉。

37. 通往各州府县的大道上。

供奉着老子像和玄宗像的彩车隆隆驶过，车前车后，仪仗鲜明。尘土飞扬处，地方官吏及百姓跪接御赐真容。

38. 兴庆宫中，内殿。

龙凤帐中，玉环在酣睡。

玄宗醒来，他看着玉环的睡态，别有风韵，爱怜地摸着她的鬓发、颈项。

玉环似醒非醒（娇酣地）："嗯……天亮了吗？"

玄宗："没有，还早着呢……"

他狂热地翻身压在她身上，乱吻她的颈项。

玉环娇吟着，浑身扭动。

39. 大殿。

日上三竿。大殿两侧侍立待朝的文官武将分列两厢。

朝官们侍立已久，有的偷偷擦汗，有的低头私语。

李林甫亦惶惑不安。他轻声问一小太监："早朝时辰已过，陛下……莫非圣体不安吗？"

小太监："李大人稍等，高公公已去催驾了。"

40. 龙凤帐外。

屏息的高力士，行礼，低声："陛下——该早朝了。"

41. 帐内，大汗淋漓的玄宗长吁一口气，慢慢地躺在枕上，极满足地：

"……但愿日日如此。"

玉环却忽然惊叫起来："哎呀！……我回去怎么跟寿王说呀?!"

玄宗仰望帷顶，沉吟地："……嗯，是该想个长久之策了……"

42. 帐外。高力士侍立已久，看看帐内仍无动静，默默行个礼，转身欲下。忽然，帐内传出玄宗威严的声音：

"力——士!"

力士伏身："奴才在!"

帐内的声音："传我的旨——"

殿下值日的太监迅速呈上纸笔，力士全神贯注地记录诏令。

龙凤帐动了一下，钻出个玄宗的脑袋。玄宗（一字一顿地）："……寿王妃杨氏，虽居荣贵，每在精修。属太后忌辰……为永怀追福，自度为女道士。"

帐内，忽然传出玉环咯咯的笑声："什么？女道士?!"

玄宗（依旧严肃地）：“……雅志难违，为弘扬道风，特恩准，度杨氏为女道士！”

帐内的笑声忽然止住了。片刻，只听“啪”的一声，似打在光着的肉体上。高力士愕然，急抬头看时，只见大帐微动，玄宗的脑袋不见了。

大帐上，游龙戏凤的图案，微微晃动着，金光闪烁。

高力士不觉哑然失笑，奉笔太监亦偷笑。

高力士猛一敛容，严厉地一瞥小太监。

小太监猛然收住笑，如泥胎木偶。

43. 大明宫内太真观。

香烟缭绕。

道士们的唱经声悠扬动听。

在丹炉前端坐的“女道士”太真，面露微笑。

（字幕）

开元二十八年（740）十月，玄宗御旨，度寿王妃入道，道名太真。至此，杨玉环正式离开寿王府，住进了大明宫中的太真观。

44. 寿王宅。

玉环昔日梳妆用的海马葡萄镜。

镜中，寿王憔悴的脸。他眼泡红肿，似刚刚哭过。

他猛然把镜子摔在地上。跌跌撞撞向里屋奔去。

内室里，香案上，“贞顺皇后”的牌位。

寿王跪倒在牌位前（泣不成声地）：“母后……三哥李玙……当了太子了……”

45. 天宝二载，沉香亭畔。

牡丹盛开。其中一种被称为“国色天香”的极品牡丹，更是华贵艳丽，势压群芳。

笙歌渐近，李隆基乘“照夜白”马，由小黄门执辔，兴高采烈地缓缓走来。

太真妃乘辇紧随其后，她戴黄冠，着道袍，别有一番风韵。

梨园乐工，且行且奏。

沉香亭中，早已备好了酒宴。

高力士：“名花已开，美酒已备，请陛下、太真娘子登亭赏花咯——”

太真玉步轻摇，走进花丛中，掐了一朵牡丹嗅了嗅，斜斜地插在鬓上，黄冠紫花，说不尽的别致妖娆。

玄宗大喜，他端起杯来，喝了一大口（兴致勃勃地）：“李龟年，有何新曲供奉啊？”

李龟年（极恭敬地）：“陛下：为了陛下、太真娘子赏花助兴，臣刚刚创了一曲《清平调》，只是时间紧迫，来不及配词……”

玄宗：“这有何难，……召翰林学士们填一阕就是了。”

陪宴的道士吴筠施礼道：“陛下，臣有一好友李白，才华横溢、下笔成章，素有‘谪仙人’之称，此词非他莫属……”

玄宗：“李白……我常听玉真公主谈起他，也读过他的几首绝句，此人目前在长安吗？”

吴筠：“就在臣的住处。”

玄宗：“对美人、赏名花，焉能没有新词？传旨召李白即刻进宫……赐他乘我的马……快！”

46. 吴筠住所附近的小酒馆。

李白已大醉，正与当垆的胡女调笑："……我告诉你……我一次……喝过……三百杯……三百……懂吗?"

他伸出四个手指，摇晃着。

胡姬笑着，坐在他的腿上，扳着他的手指，用不太流利的汉话说："这……才是三……对吗?"

李白搂着她的腰，摇着头，坚持伸着四个手指："不……这是……三!"

正说着，门外一声唤："李白在这儿!"

门帘一挑，冲进几个黄门来。为首的一个上前打个拱，问一声："是蜀人李白吗?"

"是……又怎么样?!"

为首的黄门："圣上召你即刻进宫!"

说完，上前推开胡姬，拉着李白就走。

李白摇摇晃晃地推开他们："去! ……去你们的! ……我不管谁……我哪儿都……不去……"

胡姬惊恐地看着门内门外的皇家侍从，扶着李白，轻声劝他："你要去。……听话! ……嗯? 你去了再来……听话!"

李白笑着，连连点头："好! 好! ……我去去就来……你等着我……"

他摇摇晃晃地，被扶上了御马。

他骑在马上，伏下身来，对着胡姬伸出四个手指："……这……是几?"

问罢，哈哈大笑，策马而去。

47. 沉香亭畔。

李白立在花丛中，悬肘执笔。两名小太监跪着，各拉着宣纸的两角，张开一张泥金宣纸。李白沉吟半刻，挥笔写去。只见龙飞凤舞：

云想衣裳花想容，
春风拂槛露华浓。
若非群玉山头见，
会向瑶台月下逢。

他写毕，又摇晃了一下。左右忙扶定他。

玄宗、太真、吴筠及玉真公主、高力士等人，皆赞叹不已。

太真钦佩地望着李白：“真是下笔如有神呀……”

李白醉醺醺地对小太监们：“再……来一张。”

小太监们急跪其前，又扯开一张宣纸。

他又挥洒了两张，实在不能自制，醉倒在地。

玄宗见状哈哈大笑，太真等亦觉有趣。

李龟年，持拍板，高歌新词：

名花倾国两相欢，
常得君王带笑看。
解释春风无限恨，
沉香亭北倚栏杆。

歌毕，众皆拍手赞好。太真亦微醉，鬓花颤颤地，笑不绝口。

玄宗忽然想起什么，转身问力士：“咦，我才想起来，李丞相何故未到呀？”

高力士：“陛下，李丞相病重，告了假的。”

玄宗“噢”了一声，又低声问：“那三位到了吗？”

力士："到了。现在外候召。"

玄宗神秘地笑笑，说："传她们过来！"

玄宗（笑嘻嘻地拍拍太真的肩膀）："今日与朕，赏名花，饮美酒，可谓佳时良辰，人生乐事了，不知爱妃心中，还有何不足没有？"

太真妃想了想，摇摇头："没有。妾平生愿足矣！"

玄宗（诡秘地）："你就不想家里人？"

太真笑笑，叹了口气："千里之外，想又何用？"

玄宗仰首大笑，他用手往外一指，朗声道："你看，那是何人？"

太真凝眸，只见花丛中，摇摇摆摆地走来三个盛装的妇人。

三妇人礼拜："拜见圣上、太真娘子！"

太真愣愣地看着，仍不敢认。杨玉瑶站起来，叫一声："妹妹，连三姐都不认识了？"

太真恍然大悟，叫一声"姐姐"，与三妇人抱在一起。

太真妃的堂兄杨钊，也随之觐见。

玄宗看着这三位各具姿色的女人（兴奋地）："今后，大家都是亲戚，多多走动嘛。"

杨玉瑶丢一个媚眼（调侃地）："哎呀呀，皇帝妹夫，陛下的这三位姨，都是荆钗布衣之身，怎么能常见龙颜哟。"

玄宗哈哈大笑（潇洒地）："传旨——赐崔氏为韩国夫人，裴氏为虢国夫人，柳氏为秦国夫人，可随时入宫。"

众欢呼拜谢。忽然，高力士匆匆走进："陛下，边关有报。"

48. 玄宗平素理事的小殿。

案上，平铺着边关呈上的告急文书。

高力士："奚、契丹素有反意，此次竟敢杀了下嫁和亲的静乐公主、宜芳公主，兴兵叛唐，不可小觑……”

玄宗（拍案大怒）：“我的这两个外孙女，下嫁不到半年，竟遭毒手，真是可恶至极！……速召李丞相来议事……”

49. 大殿。文官武将排列两厢。

病中的李林甫由两个侍从搀扶着，奏道：“陛下……奚、契丹反叛，实不足虑，可令平卢军使、两番经略使安禄山引兵破之。安禄山气凛雄勇，战必克平……”

玄宗沉吟片刻，诏令：“加封安禄山为骠骑大将军，兼河东、范阳、平卢三镇节度使，命其将三镇之兵，火速平番！”

50. 散朝之后，高力士搀扶着已显劳累的玄宗下殿。

回廊中，高力士：“……陛下，这三镇节度使的兵力，加起来要超过二十万，这么重的兵权委以一个胡人……怕有后患吧？”

玄宗（摇摇头）：“……力士不必多虑，这安禄山忠勇憨厚，不是有野心的人，朕心中有数。”

力士默然。

51. 北方的原野，雪大风高。

一个契丹人的营地。毡篷。篝火。

突然，一个声音惊慌地高叫：“安禄山的骑兵来啦——”

契丹人慌乱地奔跑、抵抗、逃命。

地平线上，安禄山的骑兵，从天而降。

狂奔的战马。

惨叫着死去的契丹士兵。

坍倒、燃烧着的毡篷。

奔跑着的契丹女人，被安禄山的士兵掠至马上。

一个契丹婴儿，被长矛挑了起来。

战马上的安禄山与史思明。背后火光映天。

安禄山仰天大笑，叫着："多砍几个脑袋，我好去长安向皇帝老儿报功……"

52. 长安。华清宫斗鸡殿。

一对斗鸡眼，凶狠地睨视着观众。

闪光的翅膀和尾巴扫过银幕。

两只大公鸡，一黑、一红，皆戴着铁喙铁爪，凶狠地扑杀着。

玄宗、太真妃、三位国夫人及杨钊等观战。

红鸡威风凛凛地冲杀着，其势益盛。玄宗高兴地喊叫："好啊！安禄山！狠狠地啄！"

被称为"安禄山"的雄鸡斗赢了，引颈而啼，状极威武。铁爪之下，败羽残翎遍地。

杨钊上去抱起这只鸡，高高举起（谄媚地）："陛下圣德！'安禄山'大获全胜！"

玄宗（高兴地）："嗯，你驯的这只鸡不错！能干！"

杨钊跪下谢恩讨赏，虢国夫人在旁说道："妹夫皇帝，俺这位兄弟，可能干呢。"

玄宗："噢，你现任何职？"

杨钊："金吾兵曹参军。"

玄宗略一沉吟："户部郎中王鉷新为京畿采访使，你先到他手下当个判官吧！"

杨钊："谢主隆恩！"

53. 长安。

城墙上，旗帜鲜明。

城门大开，龙武大将军陈玄礼率队迎接大破契丹之后献俘来朝的安禄山。

街市两旁，士女游人观者如堵，人们都想争睹边关重将、出了名的胡人安禄山的风采。

陈玄礼与安禄山见礼。安毫无骄矜之色，恭敬知礼的样子。

被擒的奚人、契丹人络绎而行。

安禄山的外族士兵，奇装异服，极剽悍的队伍。

腹垂过膝的安禄山，骑马进城。

54. 大明宫含元殿。

玄宗与杨贵妃并肩坐在大殿上。

高力士持黄绫裱褙的册本，立在堂上宣读："……册封杨太真为贵妃，统领六宫，以尽坤道……"

贵妃雍容华贵的微笑。

太子李亨（即李玙，当太子后更名亨）携张良娣朝贺。

张良娣明显是装出来的笑容。

三国夫人礼拜朝贺。

百官朝贺。

众使臣朝贺。

安禄山朝贺。

他腆着硕大的肚皮，却身手灵活地行胡礼，状极滑稽。

杨贵妃扑哧一声笑了出来。

安禄山拜贵妃："恭祝贵妃娘娘万寿无疆！万寿无疆！"

然后，复拜皇帝："祝大唐皇帝万寿无疆！"

玄宗也笑了，问："你怎么先拜贵妃，后拜皇帝呀？"

安禄山挺腹答之："陛下，俺们胡人礼俗，与中原不同，胡人尊母，先母后父，故先拜贵妃娘娘。"

玄宗哈哈大笑，转脸对贵妃开玩笑道："哈，你何时养了一个胡儿？"

安禄山却一拜到底，叩头谢恩："儿安禄山拜见母亲！"

贵妃又窘又乐，用手捂着嘴（忙不迭地）："……休胡闹！"

禄山伏在地上不起来，大叫："儿闻中原礼俗，天子无戏言！"

玄宗对贵妃（调侃地）："哎呀呀，这个胡儿，你是收定了！"

他用手一指御座东边："给禄儿赐座！"

金鸡障内，禄山安坐，手捧其腹，憨态可掬。百官视之皆笑。

玄宗（以手指其腹）："禄儿，你腹中鼓鼓，内装何物呀？"

安禄山把肚子拍得"咚咚"响（大声地）："没别的，就是一颗忠心！"

玄宗大喜，百官皆欢笑。

太子亨阴郁地看着这一切。

歌舞开始了。数名宫女戎装佩甲，手持干戈，跳《小破阵乐》。

《霓裳羽衣曲》上场了，领舞的，是美丽小巧的谢阿蛮。

舞阵方退，安禄山礼拜请舞。他一步蹿到堂上，跳起了胡旋。

他腹大腿短，却能以令人难以相信的敏捷与灵活旋转着。他边舞边呼，如痴如狂，滑稽，但又充满刚健剽悍的北方之风。

55. 北方。

“安”字旗下，一队骑兵呼啸着掠过银幕。

史思明在马上高叫：“好好练！练好了有赏！”

56. 南方。

几名骑士拼命鞭打着坐骑，掠过银幕。

为首的骑士肩插一旗，上书三字：“荔枝使”。

夜间。山路旁的驿站。

几名筋疲力尽的骑士爬下口吐白沫的马，将肩负的“荔枝使”旗和竹筐交付早就准备好的另几位骑手，他们在晃晃的松明照耀下，交接极迅速。

马蹄踏踏，“荔枝使”旗隐入夜幕。

57. 玛瑙盘中，新鲜的荔枝分外诱人。

贵妃拈起一枚，剥开，轻轻放进口中：“真没想到，在长安，能吃到这么新鲜的荔枝。”

玄宗：“这又有何难？我的爱妃要天上的星星，朕都可以给你摘下来！”

贵妃（娇媚地）：“那好！我要星星，你给我摘！”

玄宗左右一顾，叫一声：“力士！给贵妃——摘星星！”

高力士（笑着行礼）：“陛下，奴才胳膊太短！够不到呀！”

贵妃（倚在玄宗怀里）：“我要你摘嘛！”

玄宗挤挤眼（淫猥地）：“好，待晚上，我给你摘星掬月！”

忽然，窗外传来嘈杂的嬉笑之声，其中，虢国夫人的笑声格外清楚。

玄宗与贵妃急伏窗向外看去。

58. 宫中甬道。

众多的宫女簇拥着一架彩车堵在甬道中，进出不得。

众宫女前仰后合地笑着。

虢国夫人高声指挥着："快！快！抬起来！"

她又向彩车上的一个巨大的锦绣襁褓命令道："哭！禄儿，大声哭！"

襁褓中，露出安禄山硕大的脑袋，他挤挤眼，学着婴儿的声音，"嘎嘎"地哭起来。

玄宗与贵妃相视一笑，诧异地看着。

玄宗："三姨不知又搞什么花样？"

虢国夫人扬臂向楼上喊："哎——皇帝妹夫、贵妃妹妹，快赏钱呀！禄儿生日，受洗啦！"

喊着，抓起一把金币向襁褓丢去。安禄山的脑袋被砸着，伸出手，抱着头，更加大声地啼哭起来。

楼上，贵妃早已笑得直不起身来。

高力士在旁笑着说："这是民间旧俗，叫'洗儿'。庄户人家生了孩子，第三天，都要抱出来给亲戚看，亲戚们都要赏钱的！"

贵妃笑着捶玄宗的肩："三郎，快给我些银钱。"

玄宗一耸肩："笑话！皇帝哪儿用得着钱？！"

贵妃一愣，随手摘下髻上的金步摇、玉手镯，扔下楼去。

众宫女齐向襁褓扔钱，一时间，铜钱如雨。

安禄山被砸得痛不可耐，手脚齐动，襁褓大开。

玄宗与贵妃从楼上望下去：巨大的锦绣之中，肥白的安禄山，一丝不挂，仰面朝天，四肢乱舞。

59. 寝殿。夜。

红桃在为贵妃卸去头上的义髻和珠翠发饰。

红桃（絮絮叨叨地）：“……国舅刚刚送来一尊金狮子，说是从大食国来的宝贝，特送给贵妃……”

贵妃（不以为然地）：“什么狮子？”

红桃放下翠饰，把贵妃身后一物上罩的绸布掀开。

镜子里，一座镶珠缀玉的金狮子，雄踞在地，闪闪发光。

贵妃缓缓转过身来，看着金狮子：“我这位堂兄，刚来长安不久，怎么就这么大的造化？”

红桃：“下边的人都说，杨国舅是个相才，皇帝很赏识他。李丞相倘若一死，右相说不定就是他的了。听说，前几天皇帝还给他改了名，赐名叫杨国忠！”

贵妃沉着脸（慢慢地）：“我倒觉得，还是悠着点好。”

60. 天宝八年（749），骊山华清宫。

玄宗与贵妃坐在案旁，听堂下的永新唱歌。

永新歌喉婉转，李龟年及几个乐工为她伴奏。

玄宗边听边对贵妃说：“这个永新，声音就是好。那年在东都，朕大宴勤政楼。百姓嘈杂，连鱼龙百戏之声都听不到。朕命永新登楼一歌，嘿，她一张口，广场上的嘈杂，居然一扫而空，连根针掉在地上，都能听到……”

忽然，远远的绿荫丛里，显出一骑紫驹马。马前，一极俊秀的小黄门执辔。雕鞍之上，俏皮地横坐着一个妇人。

贵妃：“……那是谁？”

玄宗：“噢，那是三姨。”

贵妃一转脸："噢？你宣她来的？"

玄宗避而不答，却对李龟年喝道："龟年！你没吃饭吗？奏响些！"

61. 虢国夫人来了。她人未至，笑声先至：

"大唐天子三姨参见大唐天子、贵妃！"

玄宗（表情生动地）："三姨，这边坐。"

虢国夫人坐在玄宗的另一边，眼睛火辣辣地看着玄宗。

她今天一反盛唐贵族妇女的盛妆之式，精心设计了一种"淡妆"，只轻轻地描了一下眉、微微地点了一下唇，给人的感觉似乎并没有化妆。这是化妆的最高境界，与那些只知浓妆艳抹的女人比起来，当然别显出一种特殊而难以描摹的情致。

虢国夫人的到来，使玄宗显得过于兴奋。

贵妃似乎毫无所觉，她专注地听唱，手儿轻轻合着拍点。

音乐声中，玉案之下，虢国夫人偷偷褪下别致的木屐，只穿着丝袜的脚，轻踏在玄宗脚上。

玄宗魂荡神驰的眼睛。

虢国夫人含情脉脉，挑逗的眼睛。

玉案下的玉足，像只有生命的小动物，在玄宗的脚上、小腿上揉搓、勾缠着、抚慰着。

镜头上摇，一颗晶莹、鲜白、饱满多汁的荔枝，被慢慢剥光，捏在一只长着长长红指甲的手里，淫邪地把玩着。

虢国夫人鲜红丰满的唇，轻轻噘起。

那枚雪白多肉的荔枝，被塞进双唇间，但并不吃掉，只是反复吮进吮出。

虢国夫人充满淫欲的眼睛里，映出玄宗不能自持的神态。

虢国夫人慢慢举起这枚荔枝，送至玄宗面前。

红红的指甲。鲜白透亮的荔枝。玄宗的嘴，微微抖动着，凑过去，张开了。

就在玄宗刚要吞下那枚荔枝的一瞬，贵妃猛地站起来，骂声：“不要脸！”转身离去。

音乐骤停，乐工们莫名其妙，不知所措。

只有冷眼旁观的高力士，似乎什么都没有看见，毫无表情地侍立在侧。

62. 华清宫，寝殿。

玄宗：“哎呀呀，你看你，何必生气呢？三姨这个人，就是好开玩笑，你又不是不知道……”

贵妃：“哼！我又不是瞎子！大天白日的，鬼鬼祟祟，偷偷摸摸，也不怕人笑话！”

玄宗不悦，说声：“朕还有国事要办。”转身欲走。

贵妃（不依不饶地）：“哼！占了儿媳不算，还又惦记上大姨子，这是大唐天子的宗室家风！”

玄宗猛地回身，勃然大怒：“你——放肆！”

贵妃也猛地站起来（大声地）：“放肆的不是我，是你的三姨！”

玄宗（气急败坏地）：“你……你……太无礼了！”

贵妃也在气头上，她高傲地一扬头：“好！好！我无礼！我放肆！我冒犯了天子！我罪该万死……你处置我好了！”

她一句比一句声高，后一句，竟至吼叫。

玄宗气得手臂乱抖：“你……你……你给我滚！”

贵妃猛地愣住了，她看着玄宗，嘴唇抖了半天，终于哭出声来：“好！好！我滚！我滚！你去召你的三姨来！”

她哭着冲出门去，大叫：“备车！备车！”

63. 杨宅。

杨铦（鸿胪卿、上柱国）、杨国忠，以及韩国夫人、秦国夫人等乱哄哄地围着抹泪的贵妃。虢国夫人自知理亏，讪讪地站在人后。

杨铦："哎呀呀……这……这……哎！怎么闹成这个样子?!"

秦国夫人："陛下一向宠你，怎么一下子发这么大火?!"

韩国夫人（忧心忡忡地）："……这事，怕要闹大了……"

虢国夫人竭力装出一副无所谓的样子："……我看没事儿，陛下不过一时发发脾气……"

韩国夫人打断她的话："还不都是因为你！惹了这么大祸！"

虢国夫人一屁股坐在椅子上（不服气地）："干我什么事？玉环她，度量太小！"

贵妃气急，她刚要说话，杨国忠却抢先说："时至今日，都别说什么了！我们杨家所以有今日，还不全靠着陛下对贵妃的恩宠！如果陛下真的……那我们杨氏，可是一损俱损啊！"

虢国夫人似感到事态的严重，不再作声。

杨铦搓着手："……国忠弟，总要想个办法才是呀！"

贵妃烦乱地摆摆手："算了，算了，你们让我安静会儿好不好？我已经够烦的了！"

众只好默默退下。

杨铦妻轻轻拉一下杨铦衣角（悄悄地）："她干吗非到咱家来？杨门五宅，都该担着点嘛……"

杨铦摆摆手，拉她走开。

贵妃似乎听见了，头一低，旋即用手帕捂住了嘴。

红桃低叫："贵妃，您……"

贵妃叹了一口气："唉！人情……薄如纸呀……"

64. 玄宗寝殿。

玄宗喝得醉醺醺的，他一手搂着一个妃子，向卧榻走去。

玄宗：“哼……她以为……她是天下最好的……我才不……在乎……”

两个即将得到宠幸的妃子，又紧张，又兴奋，满脸放光，眼睛湿润润的。

龙凤帷幕低垂。

簌簌的脱衣声。

玄宗的声音：“你入宫几年啦？”

妃子的声音：“妾十三岁进宫……如今，整八年了……”

轻轻的抽泣声：“……今日，才得见龙颜……”

玄宗：“好了，好了……今天，好好侍候侍候朕……”

门外侍立已久的高力士。他听听动静，放心地转身欲退。

突然，“咕咚”一声，高力士急回首，只见两个光着身子的妃子被从床帏里踹了出来。玄宗在床帏里大骂：“笨蛋！都是笨蛋！给我……滚！”

随着骂声，二妃的内衣被从床帏中抛出，一件一件飞了出来，摔在二妃身上。二妃又羞又愧，呜咽着，抱着衣服，夺门而去。

高力士愕然，他不懂这床帏里的事。

65. 宫中。

玄宗在用膳，几个乐工在堂下奏乐。

玄宗面前珍馐罗列，但他似乎毫无食欲。

他挑剔地夹了一箸菜，慢慢放到嘴里，旋即吐了出来，大叫：“放这么多盐，是想咸死我吗？力士——查御膳房，谁烧的菜，杖一百！”

力士唯唯地：“遵旨。”

不一会儿，堂下响起杖击和号哭之声。

玄宗又冲着乐队大叫：“停下！你们是坐部还是立部？乱七八糟的，吵死人！明天都去奏雅乐——滚！”

他把筷子扔向乐工。乐工们拿着乐器，匆匆而下。

左右侍者皆敛气吞声，面如土色。

高力士看看玄宗，想了想，走到案前，俯身指着几样菜，极平静地：“陛下……如果不吃了，这几样菜，倒是贵妃平日喜欢的，不如赐给贵妃去吃。”

他顿了顿，看看玄宗的脸色，又轻声补了一句：“这会儿，也不知贵妃吃饭了没有？”

玄宗扭过脸去，似未听到。

力士看玄宗不语，便挥手招呼小太监：“撤宴——”

两个小太监刚刚上来，玄宗摆摆手：“你看着办吧。”

高力士俯身：“奴才明白。”

他伶俐地转身吩咐道：“圣上有旨——这几样宫菜，赐予贵妃享用咯——”

66. 杨宅，大厅。

面对御赐宫馔，杨家满门喜形于色。

杨铦（*高兴地*）：“这可好了！这可好了！”

杨国忠（*也笑逐颜开地*）：“我早就说过，陛下对贵妃，是恩重如山，现在看，至少没有危险了……”

秦国夫人与韩国夫人：“可陛下只送了这几样菜，并没有召贵妃回宫呀！”

杨国忠沉思片刻，说：“陛下是金口玉言，总不能说变就变，这解铃还得系铃人，恐怕贵妃要有所表示才好。”

送馔前来的宦官张韬光插口道：“是，俗话说，来而不往非礼也，最好娘娘也送陛下一点东西。陛下见物思人，必召娘娘还宫。”

67. 内室。

贵妃端坐，发如悬瀑。红桃在为她梳头。

贵妃："当初，寿王也说他对我多有情，可后来我才看出来，他心里想的，第一是当太子，第二才是我……陛下呢，对我不可以说不好，可我总觉得，男人们都一样……我们女人，不过是人玩物儿，高兴时，千好百好，不高兴了，说扔就扔……"

红桃："那……世上就没有'情'字了？"

贵妃苦笑着："我也说不好……也许有吧。"

正说着，秦国夫人与韩国夫人走进来。说："妹妹，国忠他们的意思，还是请你送陛下一点回报，陛下见了，也许会召你还宫。"

贵妃（冷冷地）："陛下如对我真有情，他自会召我；若无情，送与不送也都一样……"

秦国夫人忙说："这对我们杨家，可大不一样啊……"

贵妃笑笑，点点头，（幽幽地）说："是呀……还有你们，还有你们的车马、宅子、金银财宝……"

她忽然停下话头，想想，对红桃说："……我只是觉得委屈。我们女人心里头，除了个'情'字，还有什么呢？"

她顺手拿起剪刀，决绝地剪下了一缕青丝。红桃轻声叫了句"贵妃"，想拦又没敢拦。

贵妃眼圈红红的，用一方菱帕包好青丝，递与秦国夫人，说："告诉张韬光，让他禀陛下，就说我的一切，都是陛下赐的，只有这身体发肤，受之父母。妾无以为赠，见此缕青丝，当知妾心意。"

68. 玄宗寝宫。

玄宗手抚青丝，感慨地对力士说："力士呀，这几年，你我也都老了……后宫佳丽虽多，都不如贵妃善解吾意……”

力士（顺水推舟地）：“依奴才看，贵妃忤旨犯上，逐出宫门这几日，也算罚了。不如召回宫来算了。”

玄宗（点点头）：“就怕这小妮子，被宠坏了。”

高力士见风使舵：“那就再等几日？”

玄宗（却哈哈一笑）：“那你教朕今夜如何过呢？”

他摆摆手（似极宽宏地）：“算了。现在就把她给我召来！”

69. 暗夜中的宫墙。

紧闭的宫门。

宵禁中的卫士。

突然，像发生了什么军国大事似的，禁门大开，高力士率一队明火执仗的禁军，夹着一辆辇车，冲进暗夜。

70. 杨宅。

大门洞开，灯火辉煌，如同节日。

众人忙乱着，人影跑来跑去，欢声笑语。

71. 贵妃与高力士同坐凤辇之中。

凤辇在禁军的簇拥下穿过一扇扇城门。

颠簸摇晃的凤辇中，贵妃对高力士：“多谢高公公……”

高力士（毕恭毕敬地）：“愿为娘娘效劳。”

72. 玄宗寝殿。

玄宗焦虑不安地来回踱着。

高力士进来，只叫了一声“陛下”，什么话也没说，便亲自撩起了门上低垂的流苏。

门外，站着亭亭玉立的贵妃。

玄宗扑过去，一把抱住她，搂着她的肩膀，把她扶进屋内。

贵妃依在他臂弯里，任他把自己扶进来，任自己的泪水默默地流下来，双目紧闭。

玄宗把她拉到灯前，仔细看了看，然后一把抱在怀里，抚着她的秀发说：“朕想你想得好苦哟……”一直到这时，始终沉默的贵妃才忽然“哇”的一声哭出声来，她伏在玄宗肩头，忽然张开嘴，在玄宗肩上咬了一口：“三郎，你好狠心呀……”

73. 七月七日，长生殿。

檐下的回廊上。

笙歌渐杳，夜静风清。

贵妃穿着薄纱寝装，独倚栏杆。

如果不是她在风中飘逸的鬓发和裙裾，你会以为这是一尊大理石雕像。

玄宗的声音从画面外传来：“……你在哪儿呢？”

贵妃并不转过头去，仍然仰望着星空：“在这儿。”

一件猩红披风轻轻披在贵妃俏丽的肩上。寝装的玄宗轻轻走过来，立在她身后。

贵妃依然看着天空（轻轻地，近似耳语）：“三郎，你看——”

渺渺河汉，横斜夜空。

“三郎，你听——”

树叶婆娑，促织轻啼。

巨大、遥远、已存在了亿万年的星空，无声无息。而小小的，只有一年寿命的蟋蟀，却拼命地歌唱。

玄宗与贵妃并肩而立的剪影。

夜空。似乎从宇宙中传来的声音（画外音）：“三郎，你说，人死了之后，还能再生吗？”

“我不知道，所以……我希求长生。”

“但……你也知道，人都要死的。”

“……”

“三郎，假如人有来生，你愿意还和我做夫妻吗？”

“愿意……”

轻轻地，从宇宙的深处，传来了儿童的歌声：

……七月七，七月七，
牛郎会织女，
天长长，地长长，
织女爱牛郎。

贵妃慢慢转过脸来，看着玄宗。月华如水，洒在她纯情、美丽的脸上。她双手轻轻搭在玄宗肩上，轻声说：“三郎，你还记得吗？那次，我说我真心爱寿王，你发了那么大的火，还摔碎了琵琶……我那时，说的是实话。可……后来，他伤了我的心，我才慢慢地……把心交给了你……”

玄宗爱怜地看着她，他们共同生活了多年，却似乎从来没有深谈过。贵妃今夜的表现使他多少有些吃惊，但又深深地被感动了：“玉环……快回屋吧，别着了凉。”

玉环摇摇头，仍沉浸在柔情中：“三郎，你虽然是皇帝，又有这么多女人，可你……不懂我们女人！”

玄宗笑笑：“是吗？”

玉环点点头：“我们女人，只要真的把心交给了一个男人，就再也不会收回。不管这个人是皇帝，还是一个庄稼汉。我只要把心交给了他，他就是我的皇帝，我愿意为他生，为他死，为他生而复死、死而复生……生生死死，死死生生，都为他。”

玉环越说越动情，她用手指轻轻摸着玄宗的衣襟（幸福地）：“可我，真好福气……嫁给了你……我是个女人，我喜欢荣华、喜欢富贵，喜欢唱歌、跳舞，喜欢漂亮衣服、珠宝，还喜欢吃荔枝……但我想让你知道，假如这一切都没有了，假如你……不是一个皇帝，我也愿意做你的妻子，疼你，爱你，忠于你！”

玄宗感动至极，把她紧紧地拥在怀里。一会儿，贵妃却轻轻地推开他，认真地问：“可假如我老了，丑了，不好看了。三郎……你还会爱我吗？”

玄宗点点头，说：“当然……不过，你永远也不会变老……”

玉环把手指轻轻戳在玄宗额上，笑着说：“哼！骗人！”

玄宗慈爱地望着她，像是望着自己的女儿。他把披肩给她整好，说：“回去睡吧，秋凉了……”

玉环却轻捷地推开他的手，带着股孩子气（神秘地）：“三郎，你知道吗？在我们家乡，每年的今天，七月七，女孩子们就偷偷跑到庭院里、田野上，对着天空发一桩儿愿，百求百应，灵验得很……你，愿意跟我明誓吗？”

玉环的大眼睛，此刻显得分外美丽，闪着一种纯真而又朦胧的光。

玄宗笑一笑：“哎呀，又不是孩子！”

玉环一绷脸：“不行，你说……你到底愿意不愿意和我世世夫妻呀？”

她边问，边在玄宗怀里扭动着身子。

玄宗（顺从地）：“行了，行了，愿意，愿意。”

玉环粲然一笑，随即收住笑容，极庄重、严肃地望着天空。

牛郎星与织女星，迢迢相唤。

玉环缓缓跪下（一字一顿地）：“我，杨玉环，愿意与三郎世世结为夫妻，相亲相爱，相守相随，永不变心。”

她说完，拉拉玄宗：“你，该你说了。”

玄宗无奈，看看左右无人，也跪下，学着她的样子：“朕，大唐天子……”

玉环打断他（着急地）：“哎呀，别这么说，下辈子，你要不是天子呢？”

玄宗清清嗓子，只好重说：“我，李隆基，愿意与杨家小妮子世世结为夫妻，相亲相爱……”

玉环猛地扑在他怀里（声音颤颤地）：“三郎……”

74. **长安，街头。**

杨家兄妹的马车金碧辉煌，隆隆而过。

一挑担的老汉躲闪不及，被车撞倒。担子里的水果，滚落满街。

车队连停都没停，呼啸而过。

开酒店的胡女与路人把老汉搀进酒店。

胡女：“快看看，伤着了没有？”

老汉撩起裤管，只见鲜血淋淋。

胡女为他包扎（不平地）：“这是谁家的车，撞了人就走，管都不管！太不像话！”

“哼，没撞死就得认便宜。谁家的车？——杨家的！你没听说过：生儿勿喜女勿悲，生女犹得作门楣嘛……”

一路人：“长安人谁不知道，要想升官，就得投奔杨家，那虢国夫人一句话，就保你如愿！”

一路人：“自从杨国忠当了丞相，这杨家的气焰就更高……”

胡女："要是贵妃死了，那杨家……"

——老者打断她："咳！别瞎说！这可要掉脑袋呀！"

说着，在脖子前比画了一下。

一个酒客把酒碗一蹾（**大声地**）："怕什么？脑袋掉了碗大疤！我看，这大唐，怕是长不了了！"

老者吓得急忙溜走，其他人，却小声说着："听说，安禄山招兵买马，似有反意呀……"

胡女皱着眉头，视线指向北墙。墙上，挂着一幅笔墨淋漓的横幅，上边龙飞凤舞地写着：

金樽清酒斗十千，
玉盘珍馐直万钱。
停杯投箸不能食，
拔剑四顾心茫然。
欲渡黄河冰塞川，
将登太行雪满山。
……

75. **北方**。

校场上，安禄山在阅兵。

排成四路纵队的骑兵从他面前走过。

史思明与他说些什么。

二人骄横的笑脸。

76. 幽州某镇的小酒馆。

李白一边喝酒，一边与店主人交谈。

汉人装束的店主人小声说："……他招兵买马多年，现在已号称二十万了！昨天，在这儿喝酒的几个胡兵喝醉了，吵着闹着，说要打进长安再喝个够……"

李白放下酒杯（忧心忡忡地）："此胡，必乱中华……"

窗外，又一队胡兵列队走过。

77. 长安，长生殿。

殿内，供奉着三清画像。丹炉下，炭火正旺。

香烟缭绕，烛影憧憧。

玄宗盘腿坐榻上，和他对面而坐的一个老道士，正在对他讲一卷经。经卷摊开在玄宗腿上，摄影机扫过，隐约可见是些裸体的男女人形。

老道："……这是道家秘传的房中术，也叫御妇人术，练会此功，可以采阴补阳，还精补脑，日御十妇人……"

玄宗异常专心地听着。

78. 丞相议事厅。

左相韦见素对右相杨国忠说："陛下近日天天在长生殿修道，所有呈上公文，全由高公公代批。可此次中史马承威奉陛下玺书召安禄山入朝，此胡言语粗鲁，拒不来朝，其反意已明，杨丞相应速禀陛下才是……"

杨国忠："我已跟陛下说过多次，陛下似怪我多心……我看，安禄山逆旨不朝，已可视为反叛，我们不如先斩后奏，把他押在这里的人质先杀了！"

韦见素（惊讶地）："您是说安禄山的儿子安庆宗？……他可也算是当

朝驸马呀……此事不可轻举妄动呀！”

杨国忠咧嘴一笑：“韦丞相，你如果害怕，我一人担待好了。”

说罢，拂袖而去。

韦见素摇头、顿足，长叹而已。

79. 玄宗在炼内丹，盘腿闭目。

（叠印）

地平线上，安禄山的骑兵滚滚而来。

“安”字旗飘扬，安禄山挥剑高呼：“打进长安，讨伐杨贼！”

（字幕）

天宝十四年（755）十一月初九日，安禄山在蓟城南郊誓师，以讨伐杨国忠为名，起兵反唐，掀起了史称为“安史之乱”的悲惨篇章。

（叠印）

攻城的叛军。城头上飘扬的“安”字旗。

逃难的百姓。

烧、杀、淫、掠的叛军士兵。

狼烟滚滚，哀鸿遍野。

玄宗专注地听老道士讲“房中术”。

道教秘典《玉女经》的“男女合和图”。

80. 华清宫，正殿。

十几名朝臣重将排列两厢。

玄宗（气冲冲地）：“……这个安禄山！忘恩负义，竟敢反叛！……真是罪该万死！罪该万死！”

杨国忠：“陛下不必动怒，亦不必过于焦虑。今反者，只禄山一人，三军左右，恐怕还是忠于朝廷的。他辜负皇恩，不得人心，说不定数日之内，他的部下就会杀了他来降，陛下等着好了……”

玄宗点点头，烦躁地一挥手，杨国忠领众臣下。

（叠印）

飞马践踏后的雪地，满目疮痍。

又一座城池被攻破。

守城的士兵坠落城下。

城门打开了，安禄山的马队冒着浓烟战火，冲了进去……

81. 架上的鹦鹉，高声叫着：

“……万寿无疆！万寿无疆！”

贵妃悠闲地用金勺，向鹦鹉架上的小瓷杯里舀水。

红桃匆匆走进（慌张地）：“……娘娘，听说，安禄山的叛军已到了黄河边上了。长安百姓，都说叛军的骑兵可厉害呢……”

贵妃：“陛下和国忠，会处置的。”

红桃：“哎呀……娘娘，我听说，朝廷多年不打仗，库中的兵器都大半朽坏，而且，长安四周，根本没有可用之兵啊……”

贵妃脸色转沉重，她低头沉默了一会儿，一抬头：“陛下呢？我去见他。”

红桃：“听说，在朝元阁炼丹呢。”

82. 朝元阁外的回廊里。

匆匆而来的贵妃与红桃被高力士拦住了。

高力士满面堆笑地："贵妃娘娘有何事吗？"

贵妃："陛下呢？"

高力士略有惊慌之色，但立刻便掩饰了过去："陛下……在静心修道，不让任何人打扰……"

贵妃说声："我有要紧事。"便昂首向朝元阁走去。高力士想了想，默默地跟在后面。

83. **朝元阁门窗紧闭**。

贵妃刚要推门进去，忽然停住了。

门里，传出虢国夫人淫荡的笑声："……哎哟哟，你这'丹'……还真棒呀……"

贵妃惊讶、愤怒的神色。

虢国夫人的声音："当初，要是伯父带到洛阳的是我，不是玉环，那现在……"

玄宗的声音："现在……你翻过来……"

虢国夫人的淫声浪笑，像一颗颗钉子似的从门窗里射了出来。

玉环摇晃了一下，赶快用手扶住了墙。红桃赶忙过来扶她，她艰难地摇摇头，示意红桃不要作声。

玉环紧咬着的牙齿。

一双失神的、绝望的眼睛。

84. **玉环漠然、近似痴呆的眼睛**。

（叠印）所向披靡的安禄山骑兵。

溃退的唐军，互相践踏。

洛阳城上春门，大将封常清与敌血战，败。退至宣仁门，战，又败。

大雪飘飘。殷红的血与皑皑的雪。

封常清杀出一条血路，往西奔去。

（字幕）

天宝十四年（755）十二月十二日，大唐东都洛阳被陷。次年正月初一，安禄山称帝，国号大燕。

85. 兴庆宫。

封常清跪在地上，他身着戎装，左臂负伤。

封常清（激动地）：“……陛下，目前贼锋正旺，靠现有兵力，绝对挡不住。洛阳以西，只有潼关一个隘口可守，只有退守潼关，避其锋芒，以俟其势稍弱，再做打算，否则，潼关守不住，长安难保啊……”

玄宗（怒目圆睁）：“……你还敢动摇军心？你身为大将，弃城逃命，该当何罪?!”

封常清伏地叩头，额头叩出血来。他（声色俱厉地）：“陛下，臣失守洛阳，死无所怨。封常清生是唐将，死是圣朝之鬼！但眼下敌势正旺，我仓促应召之兵，从未受过训练，上阵之时，无兵刃可持，只拿光木棍应敌！如此队伍，实在打不了仗啊……”

玄宗站起身来（怒不可遏地）：“住口！你还敢造谣煽动！……推出去，给我斩……”

几名禁军上来，拖起封常清向外走，封常清仍大叫：“陛下千万要守住潼关，万不可出关迎敌呀……”

86. 东宫，太子府。

李亨：“……唉，万万料不到，国势败成这个样子，太平已久，兵不知战，父皇又年事已高，七十多岁了。怎么能亲征呢？”

张良娣：“父皇真要亲征的话，你就是监国啦……哼，我看哪，父皇虽然七十多岁了，可这权柄，是不会轻易放手的。亲征的事，说说罢了。所以，咱们也要早做打算才是。”

李亨：“是啊，我已派人去见郭子仪将军了……”

87. **潼关**。

暗夜中，守关的将士严阵以待。

一将佐：“哎，都精神点，哥舒元帅来了！”

几名壮士，肩舆而至。半身不遂的元帅哥舒翰被抬上城楼。

哥舒翰远望，只见关外的旷野上，星火点点俱是安贼兵营。

哥舒翰（吃力地）：“这几日怎样？”

一将军：“安贼的骑兵冲了两次关，都被我们打退了。”

哥舒翰：“好！好！记住，只能坚守，不可轻举妄动。只要守住潼关，安贼就没有办法。拖他几个月，他粮草用光，必得撤兵，到那时候，我们再开关追杀，打他的屁股……”

将士们哈哈大笑。

忽然，一将佐跑过来：“元帅，陛下派中使到军中，命元帅听旨。”

88. **黄色的圣旨，在老将哥舒翰的头盔上晃动，太监不男不女的声音：**

“……益速出关击敌，必大获全胜。平虏灭敌，收复失地，指日可待。敕命皇太子先锋兵马元帅哥舒翰，即刻出关，不得延误推脱，贻误战机，违旨不遵者，以高仙芝、封常清为鉴，立斩不迨！”

哥舒翰抬起头来，两滴浑浊的老泪，落了下来。他摘下头盔，露出苍苍白发，拼命挣扎着支起身来，捶胸大哭：“陛下，出兵潼关，必败无疑……我哥舒翰病残之躯，将死之人，不足虑耳，然潼关一失，再无险可守，我大唐帝国……就要完啦……”

暗暗长夜。老将军撕心裂肺的呼声，划过潼关的夜空。

89. 潼关。关门大开。

坐在肩舆上的哥舒翰与将军王思礼，皆头束白带，极悲壮地率队出关，似有必死之志。

大军进入一山口，忽然，一声炮响，四周山上，无数面“大燕”“安”字旗突然出现。

哥舒翰长叹一声：“就是今天了！”

他挣扎着拔出剑来，大吼一声：“杀——呀！”肩舆一斜，摔倒在地。四面杀声已起，叛军如飞蝗般冲来，唐军大乱，四散弃逃。乱军，从大元帅哥舒翰身上踏过。

兵败如山倒。

（字幕）

天宝十五年（756）六月九日，潼关失守。

90. 一支碧玉翘头落在地上，摔成两段。

红桃伸手要捡，贵妃在旁道：“嗐！还要它干什么？”

屋内，乱七八糟，到处都是翻乱的衣服和金银细软。红桃带几名女侍在收拾行装。

与旁人的忙乱紧张相反，贵妃平静地立在窗前，似乎周围的一切，都与己无关。

突然，高力士匆匆走进，他贴着贵妃的耳朵（小声地）：“陛下让奴才通知娘娘，今夜凌晨出宫。”

贵妃点点头（轻轻地）：“知道了。”

高力士复匆匆退下。

贵妃缓步走到那架玉磬前，站立片刻，然后，拿起磬槌，轻轻奏起《霓裳羽衣曲》的旋律。

委弃遍地的衣物。

平静的贵妃，专注地敲着玉磬。

磬声泠然。

91. 清晨。

薄雾蒙蒙，晨雾中的宫殿。

太阳，在云层后慢慢升起来。

几名朝官，在宫门前互相施礼、问候。然后侍立在宫门外。门外，卫兵立仗俨然。

朝官甲：“今儿早啊！”

朝官乙：“怕也不早了吧……该上朝了。”

宫门紧闭。众朝官窃窃私语：“该不是出了什么事吧？”

话音未落，宫门大开。一群衣冠散乱的宫女、小太监携包扛箱，蜂拥而出。

众朝官大惊，忙问：“呀……皇帝如何？”

一太监边跑边回头喊了一声：“皇帝早跑啦——”

镜头推进宫门：

空空的殿堂。

遍地狼藉之状。一只白色的哈巴狗，跑过空旷的庭院，溜出宫门。

92. **黄土高原，烈日当头。**

大道上，黄尘漫漫，一支长长的队伍艰难地行进着。

士兵们阴沉着脸，拖刀曳枪，斜扛着皇家的仪仗。

车中，玄宗靠在贵妃肩上，老泪纵横：“……时至今日，都怨我老糊涂呀……没想到……大唐会亡于我手……我还有何面目……活在……世上……”

贵妃抱着他，像抱着一个孩子，她轻轻擦去他的泪，笑着说：“别瞎说！……大唐这么大，叛贼不过只占了河北几郡而已。这次幸蜀，暂避一时，等勤王兵到，天下大势，不会不变的。只要你在，大唐就不会亡。”

銮车摇晃着，又饿又累、又悔又怕的玄宗，竟歪在贵妃怀里睡着了。

贵妃慈爱地抱着他，目光格外温柔。

93. **马嵬驿。**

一群群又饥又累的士兵胡乱坐在路边，兵刃、仪仗都扔在地上。

士兵们你一句我一句地说着：“唉，两天水米没进，我是走不动了。”

“走？往哪儿走？叛军还离着十万八千里，一仗没打，就丢了京师！哼！”

“……这下子，长安的百姓可遭殃咯！可怜我那个婆姨和孩子，都没见上一面……”

“这还不都是杨国忠闹的，朝中有奸臣，没个好……”

一个敞怀的军佐猛地把佩刀往面前的一棵树桩砍去，刀刃剁在树桩上。他一边狠狠地往下拔，一边骂道：“杨国忠，我 ××× ！”

94. **路旁的残墙内。**

李亨与张良娣随便坐在地上。

王思礼握剑（异常激动地）：“杨国忠擅权佞上，作威作福，种下祸根，才有今日，此人不除，民愤难平。”

李亨：“眼下大驾离京，天下大乱，还是先稳住再说，不要着急……”

张良娣：“再不急，就该掉脑袋了！到了蜀地，那是杨家的老巢，万一有什么事……”

李亨：“可杨国忠似乎总在父皇左右……”

王思礼一握拳：“太子殿下，我去找陈玄礼将军商议。”

95. 巨大的车轮转动着，如日月轮回。

车轮又停在石碑旁。石碑上，依然是三个大字：马嵬驿。

高力士打开车门，轻轻扶着皇帝下车：“陛下、娘娘：马嵬驿到了。”

娘娘的脚，轻轻落在地上。

她慢慢转过身去，看见了石碑。“马——嵬……”

一个四川女孩子的声音，从内心深处传来。

她缓缓抬头，眺望山头上的小佛堂。

依稀可见佛堂门前的对联：

梵钟惊世看世界奇奇妙妙幻象万种；

木鱼喻人叹人生起起落落大梦一场。

她凝神静思，似乎沉浸在某种感悟之中。

高力士：“贵妃娘娘，请这边休息——”

近一人高的黑布，围成了一个圆圈。贵妃恋恋不舍地又望了一眼佛堂，走进了屏障。

96. 屏障中，玄宗依然丧魂落魄般地垂着头，不住地叹气。

贵妃拿起一帕丝巾，轻轻为玄宗擦脸。

高力士端来一个托盘。

托盘上，只有一个胡饼。

高力士（哀哀地）："陛下，臣只找来这一块胡饼，陛下和贵妃先填一填吧……"

玄宗瞪着眼，似乎没有听见。

贵妃拿起胡饼，坐在玄宗旁边，掰了一小块，放到玄宗嘴里。

玄宗不由自主地咀嚼着。

97. 路旁。

那群士兵仍然横七竖八地躺着。

忽然，一个士兵坐起来，用手一指道："你们看——"

不远的地方，骑在马上的杨国忠被几名吐蕃使臣围住，只听吐蕃使臣（愤愤地）："杨丞相，我们已经一天没有吃饭了……"

杨国忠连声解释："哎呀呀，诸位请稍等一等，食物马上送到，马上送到……"

敞着怀的军佐一把抽出刀，对同伴们使个眼色，大吼一声："杨国忠勾结番将谋反咯——"

众士兵"呼啦"一声爬起来，举起刀枪，向杨国忠围过去。

杨国忠一见，大惊失色，拨马而逃。

士兵们呐喊着："杨国忠谋反咯——"

"杀了他呀——"

举刀在后边追赶。

王思礼立马山坡，他弯弓搭箭，射向杨国忠。

箭射在马鞍上，马一蹿，杨国忠掉了下来，他回望一眼，慌忙往前跑。

前边，又有一群士兵围了过来。

士兵们仇恨的脸，围成一圈，越来越近。

杨国忠大叫："我是丞相……"

一军士手起刀落："杀的就是你！"

众士兵乱刀如雨，杨国忠惨叫着，被肢解。

远处，几个番使也被砍倒。

韦见素刚刚从屏障里走出来，只问了一声"什么事"，就被一旗杆打在头上。

一将喝道："不要乱打，这是韦丞相！"

韦见素捂着头，转身跑了进去。

军士们越围人越多，密密麻麻地，包围了黑色的布屏障。

98. 屏障内。

韦见素捂着头，血顺着指缝流下来。他战战兢兢地指着外边："陛……下，六军……反了！"

玄宗惊惧，拄着杖，颤颤地站起来："什么？……"

这时，只听高力士在障外大叫道："天子圣驾在此，你等休得无礼！"

外边，一片嘈杂声，淹没了力士的声音："杨国忠谋反，已被杀啦——"

玄宗（似不相信地）："国忠……他……"

高力士的声音："陈将军，圣驾在此，你还不来保驾？"

陈玄礼的声音："杨国忠勾结吐蕃使臣，意欲谋反，已被将士们杀了，我们要面呈陛下，请陛下赏谢六军！"

玄宗尖声叫道："力士……不要让他们进来。"

高力士的声音："……转告六军将士，杨国忠谋反，当杀！陛下一定犒赏大家，请大家先散开，先回队……不要惊了圣驾。”

陈玄礼的声音：“国忠谋反被杀，现贵妃尚在，将士不安，请诛贵妃！”

将士们的声音：“请诛贵妃！”

“杀死贵妃！”

玄宗一屁股坐在凳上（喃喃地）：“贵妃……”

99. **黑色的屏障忽然动了一下，从头到脚浑身裹着白纱的贵妃，无比高贵地站在那里。**

众将士们眼前一亮，都呆住了。

士兵们大张着口，被她的美貌和气质惊呆了。

这个人们无比仇恨又暗中艳羡的女人，这个在无数街谈巷议中被抹上了各种颜色的女人，第一次真实地出现在普通士兵面前。

周围静极了，只有风，掀动着帘障和军旗。

她的目光里，没有惊悸，没有仇恨，没有不满和委屈，只有宁静，一种超脱了爱与恨的，超脱了生与死的宁静。

她的目光，从每一个士兵脸上掠过。

士兵们各种各样的脸。他们极严肃地站立着，像是在致敬。这是人对美丽的一种本能。

她忽然凄艳地一笑，光彩照人。

像一阵风一样，她的笑传遍了人群，人群不自觉地微微动了一下，又恢复了肃穆。

她慢慢向人群走来。

屏障似的人群慢慢闪开一条通道。

她慢慢走在人群中，人群像水似的，在她经过后又合拢。

她踏上了通往佛堂的石阶。

石阶两侧，默立着的士兵们如一尊尊石像。

忽然，背后传来高力士凄楚的叫声："娘娘——"

贵妃转过身来，黑色的屏障前，孤单地立着垂垂老矣的高力士。

贵妃的嘴唇轻轻动了动："公公……我忘不了你……"

高力士"咕咚"一声跪在地上，连着磕了三个响头。帽子磕掉了，露出苍苍白发。他睁大老泪纵横的眼（极动感情地）："贵妃……老奴……老奴……"

他说不下去，又把头磕下去。抬头时只见额上血迹斑斑。

贵妃凄婉地笑笑（像对一个孩子似的）："……别这样……陛下，还得靠你……"

高力士双手捂着前胸，一边磕头，一边嘶声呼喊着："陛下……陛下……"

没有陛下。

陛下始终没有出来。

贵妃最后望了一眼黑色的屏障，慢慢转过身去。

高力士晕倒在地。

100. **佛堂内，风光依旧。**

人间的一切大喜大悲，在这里都归结为永恒的宁静。

释迦牟尼，这个人间的圣哲，无限慈悲地望着她，把同样永恒的微笑，挂在她的头顶。

她心头一热，但立刻又平静了。她仰望着佛像，缓缓跪下。

清幽的磬声，在想象中敲响了。

老僧清癯的面容，超越了无情的岁月。

玉环的声音："师父……你好吗？"

老僧的声音："世上的事，本无好坏。好与坏，都是人们的妄见。"

玉环的声音："那么……那个'情'字又该如何讲呢？"

老僧的声音："情，无非是孽缘。孽缘不断，怎么超脱生死轮回之苦呢？"

玉环的脸上，泛起了笑容。

她解下长长的白纱披肩，向空中一抛。

白纱，轻轻垂了下来。

她把纱巾轻轻打了一个扣。

白色的纱巾围成一个圆圆的花圈，中间，是贵妃黑黑的长发，后面，衬着佛像金黄色的衣褶。

一阵歌声，一阵童稚的、纯真的歌声响起了：

七月七，七月七，
牛郎会织女。
天长长，地长长，
织女爱牛郎。

101. 贵妃的白纱裙从空中垂了下来。

佛堂外，响起了将士们的声音："皇帝万岁！万万岁！"

102. 銮车的金红色车轮又动了。

车上，泥胎木偶似的皇帝，摇晃着。

士兵们的脚步。

士兵们的脚步……

103. 红桃，一个人跪在佛堂前，双手捂着脸，泪水，顺着指缝流了下来。

马嵬驿的石碑。

周围一个人都没有，只有一面破军旗，在地上偶尔扇一下旗角。

儿童的歌声，始终在响着。

四只小手，伸向湖面。

两只纸扎的小船，托着两根蜡烛，晃晃地，融进朦胧的夜色中。

（完）

1991 年 6 月 13—19 日北京三元宾馆结构本

1991 年 6 月 25 日—7 月 4 日涿州招待所初稿

后记

十几年前，就曾想写杨贵妃，想写一部歌剧。当时觉得，这是一个绝好的歌剧题材，可歌可舞。同时，又有一种想为杨玉环这个被迫背了千百年黑锅、被视为“祸水”的女人作翻案文章的想法。男人们搞乱了国家，然后让一个弱女子来担千载骂名，这实在是男人社会的耻辱。及至亲临古城，站到没有一根柳丝的灞陵桥头，看到骊山中那个被友人称为“久未刷洗的大痰盂”的“贵妃池”，便不觉倒尽了胃口。尤其是在马嵬坡那座光光滑滑的水泥墓旁，看到残碑上历代文人的雅句酸诗，几乎首首都是怜香惜玉，为这女人叫屈的文字，更觉得连为她“翻案”的激情，也是俗套。虽然后来在黄昏的乐游原上，卓然远眺，真正感受到“西风残照，汉家陵阙”的雄浑壮阔和雄浑壮阔中的些许“恓惶”，觉得仅此半日便不虚此行，但终未能寻回造访古城的初衷。又过了几年，读到某公忆鲁迅的文章，说鲁迅也曾想写杨贵妃，也是莅古城而后返，终未提笔，不禁哑然失笑：原来非我等小辈如此，就连鲁迅这样的大文豪，也会在“西安”失却“长安”之梦。

我对杨贵妃的“初恋”，就这样结束了。唯一的结果，是后来写了一篇纯学术的论文《音乐史中的唐明皇》。此外，是留下一个教训，并从此常常将“教训”奉送友人：假如你还想在心中保留你小时候读到的那些唐诗宋词的美好的话，你千万别去西安。可再没想到有一天还会再见杨贵妃。

去年夏天，我刚刚出院，在家调养身体。老友刘森（电视剧《唐明皇》与电影《杨贵妃》的音乐总监）拉我去涿州拍摄基地“散散心”，还说导演陈家林读过我过去写的本子《钟魂》非常想拍，也想和我见见面，交个朋友。一见面，先喝酒。酒过三巡，家林说：“我这电视剧马上就拍完了，该上电影了，这儿有三个电影本子，你看看，提提意见。”晚上，宿在涿州招待所，走马观花式地浏览了三个本子。这三个本子的作者，分别是白桦、张弦和日本的国弘威雄。第二天，接着喝。乘着酒劲儿，我对家林说：“这仨本子都不错，各有千秋。白桦写得尤有诗意。但我觉得这三个本子都有同样的俩缺点，一是观念旧，一是语言新。”我认为，今人写历史，必须有新的史观，新的角度，但要让古人说古人可能说的话。假如仅仅是用电影手段把某个老而又老的故事重新阐述一遍，不过是炒冷饭，没什么大意思。杨贵妃与唐明皇的故事，家喻户晓。从《长恨歌》到《长生殿》，已经被煎、炒、烹、炸、颠了三百遍了。现在还这么写，什么“在天愿作比翼鸟，在地愿为连理枝”，俗不俗？而且，我觉得这三位作者都上了白居易的当，什么“后宫佳丽三千人，三千宠爱在一身”，谁信？我端起酒杯来问陈家林：“甭说一个皇上了，就是你，你能做到吗？”家林不答，只问：“要是你写，你怎么写？”我抿了一口酒，问陈家林：“你懂不懂马列主义?！懂不懂阶级分析?！一个封建统治者，能有专一的爱情?！”

也许是让我这“红卫兵逻辑”吓坏了，也许是他已拍了一年的电视剧，让这对皇上贵妃宝贝夫妻的卿卿我我弄得实在打不起精神，不愿再照原样重炒一盘菜了，喝完酒，他一抹嘴，拿出那副如今当导演非有不可的流氓劲儿来，说："你马上给我写个本子，写不出来，你甭想回北京！"

我不知道是"秀才遇见兵，有理说不清"，还是"流氓见流氓，两眼泪汪汪"，反正，我只好把十多年前被"久未刷洗的大痰盂"破坏了的"旧情"又匆匆捡回，前后用了半个多月的时间，赶出了这个本子。

我始终认为，一般来说，女人确实比男人重情。我写杨贵妃，还是写她对"情"的痴迷。但，她的情，也要合"情"合理才行。儿媳爱公公，总要有个基础和过程。于是，我写了她对寿王从爱到失望，对李隆基从拒到爱的心理变化，并着重写了二人对艺术的共同爱好。寿王的猥琐，是杨玉环移情的根据。而这样一写，我本子中的男人，便都成了自私、虚伪、重欲而轻情的俗人。倒是那一个阉了的高力士，我让他在贵妃赴死时流出一丝阉不掉的情，那也许才是"纯情"。而寿王与李隆基父子，这个绝代佳人的前后两任丈夫，却都在政治与爱情（假如有爱情的话）二者不可得兼的时候，本能地、合乎逻辑地将政治的需要和自己的生命、地位当成熊掌，而视情为鱼了。

对唐明皇，我还是"一分为二"的。他当年夜半归京、扫平内乱，何其英武。他又有才华，文武双全，精通音律。作为一个音乐家，我不可能不对他有敬佩之情。所以，在我的本子里，他当然要比寿王可爱，也更男性。玉环最终爱上他，我以为是可能的。男人女人确实不一样，八十岁的歌德，不是还有少女钟情吗？但，我却绝不信唐明皇这个可以在一天之中杀死三个亲生儿子的政治家（他首先是一个政治家，这一点须臾不能忘记），会真的专情于一个女人。我否定李杨的爱情绝不是不承认世上有真正的爱情。我只是认为，权力对人的异化力量，是怎么估计也不过分的。相信一个帝王专情一人，也应当相信猴群中的"猴王"只会专情一猴。明代的一个聪明人曾感慨道："真诗只在民间。"其实，真情恐怕也只在民间。唐明皇不是威尔逊亲王，他是又爱王冠又爱美人的。从某种意义上说，对王冠的态度，可以看成爱情的试金石。

但一般来说，男人是社会的动物，女人是家庭的动物。对所谓的"事业"与所谓的"爱情"，男人和女人存在着相反的倾斜。而爱情，又偏偏是男女两个人的事。所以，免不了要出"痴心女子负心汉"的故事。当然，凡事总有例外，"文革"中与丈夫"划清界限"，"反戈一击"的女人，也时有所闻。

"七月七日长生殿"一场戏，我也一反"海誓山盟"的格局，写了贵妃孩子气的纯情与明皇的逢场作戏。我倒不是不信有盟誓这样的事，生活中背信弃义的现象难道还少吗？我只是觉得让一个七十多岁的老伯伯和一个如花似玉的少妇互相说"我爱你一辈子"有点滑稽，有点让人恶心。至于唐明皇在"长生殿"之后便又与他的"三姨"同练房中术，也不是我给他栽赃，古人"素面朝天"的传说，早点出了这段艳史。当然，他可能在"三千佳丽"之中，最喜欢、最习惯杨玉环；或者不如说在"三千佳丽"之中，杨玉环最能投其所好，适应他的生活习惯，包括性习惯。七十多岁的人了，总有一些癖好、习惯不容易被所有人适应。尤其是那些十一二岁便被选进宫中，从未见过真正的男人的嫔妃们，怎么可能让风流一世的唐明皇满意呢？所以，我杜撰了杨贵妃离宫后唐明皇将两名嫔妃从床上踹下来的一幕。我以为，这一场戏"唯物"地解释了"三千宠爱在一身"的内在可能性和仅有的合理性。

在"传玉蝶"一场戏中，我充分暴露了自己的刻薄和嫔妃们的可怜与丑陋。其实，我是从心里同情她们的，我只是觉得这样写是合理的。顺便说一句，史书中记载的是用真蝴蝶选妃，蝴蝶落在谁头上谁就可以陪侍君王、"承恩叼露"。但我也不信。我不懂昆虫学，我只是凭常识断定，一只从太监手中飞回自然的蝴蝶，只要没有发疯，只要还有一口气，它不大可能再飞到任何手舞足蹈、狂呼乱叫的女人头上，而更可能远远地飞离这情欲煎熬下的人类。蝴蝶不像皇帝那样好色，即使是只好色的蝴蝶，它也不可能留意嫔妃们的渴望，它会找另一只蝴蝶。

也许，我是错的。那只被人捉住过的蝴蝶真的还会落到美人头上；而被文人雅士们咀嚼了一千多年的李杨之爱也真的像“二白”——白居易和白桦描写讴歌的那样真诚可信。果真如此的话，我愿意向这只蝴蝶和大唐天子道歉，请他们原谅我的偏见和武断。但在没有人向我充分证实这一点的时候，我还是让杨玉环在最后参透了这个“情”字的虚伪，平静地、毫无悔恨、毫无留恋地告别了人世。你想：国家已经这个样子了，你最相信的人和事又都不可再信，不死，又能怎样呢？

1992 年夏于北京

二、诗　歌

（一）
老歌

序

所有艺术都是感情的凝聚和发散。所有感情的凝聚和发散都具有打动人心的力量。所有打动人心的力量中，最直接、最强烈的恐怕是音乐。

所有人都有自己的青春。所有青春都有难忘的记忆。所有难忘的记忆中，最令人动情的恐怕是你心底的那首老歌。

在落花时节的江南，是李龟年的一首老歌，让杜工部为大唐盛世的衰亡涕泗滂沱。

在枫叶荻花秋瑟瑟的浔阳江头，是京城女的一曲琵琶，令江州司马为沦落天涯的同命人泪湿青衫。

垂垂老矣、僵卧孤村的抗战将士，听到“大刀向——鬼子们的头上砍去”会推枕而起，重揽金戈铁马入梦。

已知天命，浮沉俗世的“知识青年”，唱起“到农村去！到边疆去！到祖国最需要的地方去”能豪饮如昔，再生意气风发之心。

还记得吗？当“十年浩劫”结束，你故地重游。望着北海粼粼的碧波，心头忽然一颤：“让我们荡起双桨……”一支旋律掀动了悠悠的记忆之漪，再难平息。

还记得吗？当你与初恋的旧人邂逅街头，互望着两鬓的星星，双眼忽然婆娑：“我们年轻人，有颗火热的心……”一首旧歌打开了寂寂的心灵之锁，恍如梦中。

还记得吗？当多年不见的同学聚会，酒酣耳热之时，你随着大家唱起“长亭外，古道边，芳草碧连天……”透过朦胧的泪眼，你看到了童年的秋千。

还记得吗？当多少艰苦的努力与美好的梦想终于落空，万念俱灰之时，你忽然听到母亲在冥冥中哼唱着你在襁褓中听熟的儿歌：“小燕子，穿花衣，年年春天来这里……”透过命运无情的硬壳，你重新发现了生命的曙光。

所有的青春都是美丽的，哪怕青春中充满了苦难。

所有人都有回忆青春的权利，哪怕我们在回忆中纠缠着深刻的羞耻和悔恨。

让我们在心里无声地哼唱这些老歌，任飘扬的思绪和熟悉的旋律抚摩着流逝的生命，真真切切地体会当下：

我们活着。

这真美好！

（原载《老歌》，山西教育出版社 1999 年版）

蓝色的远梦

五星颂

1995年秋，在新疆塔克拉玛干沙漠的尼雅遗址出土了近两千年前的一方五彩锦袋，上面织着两排汉字，均为“五星出东方利中国”。

不是冥冥天意，
便是千年巧合，
美丽的锦袋上织着
“五星出东方
利中国”。

两千年前的尼雅人，
在绿洲中迎送着骆驼。
他们怎么会知道，
五星红旗将象征中国？

五十年前的共产党人，
建立了一个崭新的中国，
他们又怎么会相信，

古代天文学家的推测？[①]

祖国啊，祖国，
有的民族可能比你的历史更久，
有的国家可能比你的国土更辽阔
但没有任何一个民族的文化，
会如此神奇莫测，
没有任何一个古老的文明，
会像一条五千年不断的长河。
我唱着《老六板》[②]，
仰望高天淼淼星河，
盼望着——
五星出东方
利中国！

为《祖国歌》（民间古曲，李叔同词）而作

送　别

自从有了王维，
唐人离别，便可唱：
"劝君更尽一杯酒，
西出阳关无故人。"

---

① 《汉书·天文志》："五星分天之中，积于东方，中国大利。"

② 李叔同填词的《祖国歌》，其旋律为民间乐曲《老六板》。

自从有了柳永，
宋人离别，便可唱：
“执手相看泪眼，
竟无语凝噎。”

自从有了弘一
今人离别，便可唱：
“长亭外，古道边，
芳草碧连天……”

为《送别》（李叔同词）而作

教我如何不想他

想他便想他，
何必扯这许多废话？
什么“微风”，
什么“残霞”，
什么“月光”，
什么“落花”，
你若根本不动心，
啥也是白搭。

想他便想他，
何必找这许多理由？
写词的是文豪，

谱曲的是教授，
就是酸不够。
俺们老农民，
张口看见心。
俺想他时这么唱：
“大青石上卧白云，
难活不过人想人！”

为《教我如何不想他》（刘半农词、赵元任曲）而作

致赵元任[①]

据说，地球上没有你不会的语言，
据说，你正在编“宇宙通用字典”。
唉！既然如此，
你何必还往音乐门里钻？
你懂不懂大狗要叫，
小狗也要喊？
天才要吃巧克力，
笨蛋也得吃碗水泡饭？
幸亏阎王爷召你去攻关，
要是让你活到今天，

---

① 赵元任（1892—1982），语言学家、作曲家。1910 年考取清华大学公费生赴美留学，先后学数学、物理、哲学、音乐，获哈佛大学哲学博士学位。曾任清华大学及北平中央研究院研究员、主任。1938 年赴美，先后执教于耶鲁、哈佛等校，曾任全美语言学会会长。其音乐创作，虽属“业余之作”，然亦登堂入室，蔚然成家。

哼，就连我这本《老歌》，
恐怕也得你来编。

为《卖布谣》（刘大白词、赵元任曲）而作

致刘雪庵①

曹操说：
“何以解忧，
惟有杜康。”
没人怪他恓惶。

东坡说：
“人生如梦，
一樽还酹江月。”
没人骂他颓唐。

可为什么你唱了一句
“好花不常开，
好景不长在”。
便被赶下歌堂？

荒唐，荒唐，

---

① 刘雪庵（1905—1985），作曲家。毕业于上海音乐专科学校。曾任北京艺术师范学院、中国音乐学院教授。其名作《何日君再来》在20世纪40年代流行一时，中华人民共和国成立后被视为思想“腐朽”之作品而被批判。该曲原为探戈舞曲，由黄嘉谟填词。刘生前颇为该歌所累。

笑罢似觉悲凉！

为《何日君再来》（黄嘉谟词、刘雪庵曲）而作

致萧友梅[①]

在上海音乐学院的校园里，
有你青铜的面容。
你不再追问，
紧闭双唇，默默倾听。

琴声如水，又如梦，
往事如烟，又如虹。
弹不完的《车尔尼》，
练不完的声。
渐渐老去的学校，
永远年轻的学生。

为《问》（易韦斋词、萧友梅曲）而作

① 萧友梅（1884—1940），音乐教育家，曾留学日、德，获德国哲学博士学位。回国后曾在北大等校任教。后在蔡元培支持下在上海创建我国第一所音乐学院——国立音乐院（今上海音乐学院），为我国近代专业音乐教育奠基人。

致黎锦晖[①]

爷爷和奶奶，
唱着你的歌长大。
爷爷爱唱《葡萄仙子》，
奶奶爱唱《小小画家》。
他们说，
你是中国第一个儿童歌曲作家。

爸爸和妈妈，
不会唱你的歌。
他们记得你的名字，
是因为《中国音乐史》上
称你是“黄色歌曲作者”。
爸爸还说，你写过一首《毛毛雨》，
“坏得了不得”！

我翻开一本音乐词典，
上面写着：黎锦晖，
生于 1891 年，
卒于 1967 年……

为《月明之夜》（黎锦晖词曲）而作

① 黎锦晖（1891—1967），作曲家。“五四”后为改进普通音乐教育和推广普通话，曾创作 12 部儿童歌舞剧、24 首儿童歌舞表演曲，风靡一时。20 世纪 20 年代在上海主编《小朋友》周刊，创办“中华歌舞剧团”，赴南洋演出。1929 年返沪后改称“明月歌舞社”。

致青主[①]

第一次看到你的名字，
便已心仪——
真是个好名字，
又美丽，又大气！

第一次读到你的文章，
便已困惑——
音乐是上界的语言，
这又有什么错?!

你被批了几十年，
只因为你对音乐太眷恋。
你的理论其实都对，都好，
唯一的错误
是说得太早。

为《我住长江头》（李之仪词、青主曲）而作

---

① 青主（1893—1959），原名廖尚果，作曲家、音乐理论家。早年投身革命，辛亥革命中曾亲手击毙清朝潮州知府。第一次国内战争中曾任第四军政治部主任。1927 年广州起义失败后，被国民党通缉，遂避居香港等地并脱离政界。1929 年任教上海国立音乐专科学校。1949 年后，任教复旦大学及南京大学，以教授德语为业。其音乐理论著作《乐话》(1930)、《音乐通论》(1933) 等影响甚广。其理论在 20 世纪中期的中国曾作为“资产阶级理论”被批判。

禅 诗[①]

释迦说法四十九年，
临终称“未说一字”；
老子《道德经》五千言，
开口便是“道可道，非常道”。
可见人类的语言，
其实是思想的镣铐。

幸好，释迦在灵山默默微笑，
一朵圣洁的毕波罗花
绽开一线禅的微妙。
从此——
“诗为禅客添花锦，
禅是诗家裁玉刀。”
从此——
《诗经》《楚辞》的后代，
便在禅光性海中洗澡。

为《花非花》（白居易词、黄自曲）而作

① 《五灯会元》卷一言释迦牟尼在灵山法会说法时，“拈花示众，是时众皆默然，惟迦叶尊者破颜微笑。世尊曰：‘吾有正法眼藏，涅槃妙心，实相无相，微妙法门，不立文字，教外别传，付嘱摩诃迦叶。’”此为禅宗之始。

致黄自[1]

不是“少年不识愁滋味，
为赋新词强说愁”。
是怀旧的情怀，
浓得像酒。
《怀旧》,《怀旧》,
乐中几多感受？
的确是“资产阶级教授”,
的确是“学院派的老九”,
但《热血歌》中的慷慨，
岂在人后？
教授，教授，
从来敌忾同仇。

为《热血歌》（吴宗海词、黄自曲）而作

山在虚无缥缈间

长恨歌外恨才长，
国败何必怨娇娘。
贵妃自古能赴死，

① 黄自（1904—1938），作曲家、音乐教育家。1921 年赴美留学，1929 年毕业于耶鲁大学并获音乐学士学位，其毕业作《怀旧》为我国第一部以西方音乐技法写作的交响序曲。1930 年始任教于上海国立音乐专科学校，我国早期一大批音乐家皆出其门下。1935 年，发起创办上海管弦乐团。其所作《抗敌歌》等歌曲为我国作曲家所创作之最早的抗日歌曲。

盖棺难论唐明皇。

为《山在虚无缥缈间》（韦瀚章词、黄自曲）而作

渔光曲

不必唱，不必听，
只看到《渔光曲》这三个字，
黑白屏幕上流驰的光痕
便开始在眼前闪动。

不必唱，不必听，
只看到《渔光曲》这三个字，
耳畔便响起
钢针摩擦胶木唱片的沙沙声。

太久了——
这印象，
就像大海底层的暗涌，
湍行穆穆，深寂无声。

但，记忆如果是渔网，
旋律便是手中的纲绳，
圆圆地撒开，
轻轻地收拢。
看往事的银鳞，

在碧海中莹莹……

为《渔光曲》（安娥词、任光曲）而作

致聂耳[①]

在异国的海涛中，
你依然吹着号角。
乐潮荡荡，天风浩浩；
五星闪闪，红旗飘飘。
你挚爱的祖国，
今天仍然需要你的号召。

“中华民族到了最危险的时候”
永远不是耸人听闻的口号。
“用我们的血肉筑成我们新的长城”
从来都是最现实的需要。
历史的“过山车”，
随时都会把人甩下轨道；
在“开除球籍”的危险下，
我们能不把那催人振奋的“三连音”
日日吹上云霄？

---

① 聂耳（1912 — 1935），原名聂守信，作曲家。云南人。幼喜爱民间音乐，自学小提琴等乐器。曾考入黎锦晖之明月歌舞社，曾一度北上参加北平左翼音乐家联盟工作。 在上海联华影业公司工作，并从事创作及左翼文艺活动。1935 年取道日本赴苏，在日本不幸溺水逝世。其名作《义勇军进行曲》后被定为中华人民共和国国歌。

"起来，不愿做奴隶的人们。"
在一衣带水的那边，
穿过太平洋的无尽波涛，
你日日在催促，
夜夜在呼叫，
悲歌慷慨，
丹心照耀！

为《义勇军进行曲》（田汉词、聂耳曲）而作

梅 娘

梅娘，梅娘，嚼槟榔，
红红的唇，
像亚热带的太阳；
浓浓的爱，
像太平洋的涌浪。
梅娘，梅娘，嚼槟榔，
惺惺的眼，
像南方朦胧的夜；
曼曼的歌，
像海边旖旎的风光。
梅娘，梅娘，嚼槟榔，
袖儿短，歌儿长。
吐一丛花蕊，
留一口余香。

为《梅娘曲》（田汉词、聂耳曲）而作

夜半歌声

演这个电影的时候，
我还太小。
姐姐说：
“电影院里吓死了人，
已经不卖票！”

唱这个歌的时候，
我已长大。
“妹妹”说：
“我若真是天上的月，
我可不愿你是星……”
我问：
“那我作啥？”
“你……作月里的桂花。”

为《夜半歌声》（田汉词、冼星海曲）而作

致赵丹

你不是音乐家，
但也该向你问好。
你在春天里的歌唱，
就像你自己，永远不老。

你自己就是一首歌，
音色丰富，音域开阔。
任生命的旋律大起大落，
你魅力永存，光芒四射。
我知道在你走前，
带走了几许遗憾。
但我更知道那句古话：
“人之将亡，其言也善。”

为《春天里》（关露词、贺绿汀曲）而作

码头工人歌

一群扛麻包的人，
沉默地数着脚步。
一个没扛麻包的人，
在旁边记录着音符。

几亿贫困的工人，
在资本的波涛中浮沉。
一个大英图书馆的读者，
写出了《资本论》。

为《码头工人歌》（田汉词、聂耳曲）而作

五月的鲜花

五月，
本该是花团锦簇的季节；
青年，
本该唱月圆柳斜；
花下，
本该是绿草；
历史书中，
本该没有这么多血。
春有百花秋有月，
夏有凉风冬有雪。
若无青年抛头颅，
便无人间好世界。

为《五月的鲜花》（光未然词、阎述诗曲）而作

大路歌

几十年前，
一位老者说：
“世上本没有路，
走的人多了，
也便成了路。”

几十年后，

一个青年说：
“世上本都是路，
走的人多了，
也就没了路。”

为《大路歌》（孙瑜词、聂耳曲）而作

小儿郎

人生不满百，
转瞬鬓苍苍。
闲来无别事，
伴孙上学堂。
晨送暮迎接，
伫立校门旁。
风雨未曾误，
寒暑亦无妨。
孙幼书包重，
甘把老驴当。
拳拳舐犊心，
殷殷望龙翔。
忽忆少年事，
依稀旧时光。
两行浑浊泪，
一曲《小儿郎》。

为《读书郎》（宋扬词曲）而作

戎马天涯路

工农兵联合起来

像山涛的奔腾，
像海浪的澎湃，
一个声音高叫着：
“工农兵——
联合起来！”

像罗马，
在斯巴达克斯进攻下摇晃，
像暴秦，
在陈胜、吴广冲击下倒台，
一个腐败的旧中国碎裂了，
像狂风撕破沉沉的雾霭。

像喷发的熔岩，
什么都不可阻碍，
像打开的宝瓶，
怎么都唤不回来，

历史就这样被创造，
因为——
工农兵已经联合起来。

为《工农兵联合起来》（红军歌曲）而作

松花江上

一对三十年代的青年，
搀扶着走上舞台。
寒风吹起胸前的围巾，
雪花打湿长衫的下摆。
“九一八，九一八，
从那个悲惨的时候……”
国恨如山，
家仇似海。

一对九十年代的青年，
依偎着走进房间。
吹吹“日立”空调，
看看“松下”彩电，
听听“索尼”音响，
摸摸“雅马哈”琴键，
少妇瞄一眼玉腕上的“精工”，
嗲嗲地问：
“晚上是去唱卡拉 OK，

还是去吃生鱼片？”

为《松花江上》（张寒晖词曲）而作

毕业歌

年年有人毕业，
年年有人赠别。
无非是打开纪念簿，
把最后一缕童真抒写。
收拾起书生意气，
一头跌进无梦的季节。
与同学和理想都说声“再见”，
掀开人生平实的一页。

但，田汉和聂耳，
却不许我们和理想决绝。
一唱《毕业歌》，
谁能不仰天长啸，壮怀激烈？
大风起兮云飞扬，
眼前万里河山，
心悬九天明月。
君知否，
人生何事最可贵？
唯有青春热血！

为《毕业歌》（田汉词、聂耳曲）而作

星海颂[①]

一个艄公，站在高山之巅，
伸开双臂，问地问天：
“谁晓得——
天下黄河，几十几道弯？”

一个青年，站在高山之巅，
黄钟大吕，直上云天。
“啊——啊，黄河，
你这中华民族的摇篮……”

黄河咆哮着，冲向蔚蓝，
裹挟着千万吨泥沙，
留下一个贫瘠的高原。

啊，黄河，
你九曲回肠般的身躯，
莫非是民族历史的浓缩？
你拖泥带沙的血脉，
莫非是我步履维艰的祖国？

---

① 冼星海（1905—1945），作曲家。广东番禺人。1928 年入国立音乐院（今上海音乐学院），后因学潮被迫退学。1930 年赴法国“勤工俭学”。1935 年回上海，抗日战争时参加上海救亡演剧二队。1938 年在武汉参加郭沫若领导的“三厅”工作。1938 年赴延安，任鲁迅艺术学院音乐系主任。翌年赴苏联，因苏德战争爆发而滞留苏联，后病逝于莫斯科。

掬起黄水问黄河：
除了安塞腰鼓，
你还留下了什么？

远远地，传来了回音：
“我晓得——
天下黄河，九十九道弯，
九十九道弯上，
九十九条船，
九十九条船上，
九十九个艄公，
要把那船来扳……”

为《黄河颂》（光未然词、冼星海曲）而作

面对干涸的母亲河

那年，
罗中立的一幅油画，
使多少心灵震撼。
《父亲》脸上的皱纹，
让人良心发现。

今年，
一条发自西北的消息，
击穿了我的双眼：

“黄河断流，母亲干涸！”
令人肝肠寸断。

黄河啊，母亲，
我要磕破我的额头，
长跪在你的床前，
用我满面的鲜血，
赎我不孝的罪愆。

黄河啊，母亲，
你历尽千辛万苦，
养育了我们千年万年，
今天终于筋疲力尽，
躺倒在天地之间！

黄河啊，母亲，
请用你最后的声音，
向我的同胞大喝一声：
“儿子们呀，
当我干涸的时候，
你们还谈什么‘振兴’?！”

为《黄水谣》（光未然词、冼星海曲）而作

致长城

从东到西，
你绵延万里；
像一条巨龙，
盘旋在寂静的山脊。
不知道秦始皇打的什么主意，
筑起你巍峨的身躯，
却把整支军队埋进墓里！

为什么不向北方进军？
为什么不会主动出击？
为什么不以横扫六合的气魄，
长驱大漠八万里，
把世世代代威胁我们的匈奴，
早一天赶到多瑙河谷地？

从东到西，
你绵延万里；
像一条巨龙，
盘旋在寂静的山脊。
谁知道有多少人为修你而死，
只留下一曲《孟姜女》，
表述着当年的民意。

虽然，你一次也没有
挡住过北方的侵袭。
但我们仍然为你骄傲，
是因为你表现了
中华民族
对和平的执着和诚意，
我们从不侵略别人，
只眷恋着属于自己的土地。
啊，长城，
祖先用生命和身体筑起你，
不是为了让你闲躺在蔚蓝色的地球上，
吸引千年后宇航员的注意！

飞起来吧，长城，
带我们走向新世纪，
请你告诉世界，
一个筑起了长城的民族，
一定会在我们的星球上
留下更多、更多龙的轨迹！

为《长城谣》（潘孑农词、刘雪庵曲）而作

十送红军

送别的民谣中，
少有的文采斑驳；

革命的歌曲中，
少有的缠绵悱恻；
十送红军，
胜过了多少妹妹送哥哥。

世界，本来就五颜六色，
革命，本来就潮起潮落。
“无情未必真豪杰”，
阳关赠柳，英雄本色。

为《十送红军》（江西民歌，朱正本、张士燮整理）而作

致贺绿汀[①]

从嘉陵江，
到青纱帐；
从后方流浪，
到前方打枪，
写《游击队歌》的时候，
贺老，你正年轻力壮。

从音乐学院
院长，

① 贺绿汀（1903—1999），作曲家，音乐教育家。湖南人，生于农民家庭。曾做小学教员并自学音乐。1931 年入上海国立音乐专科学校。抗日战争时，入上海救亡演剧一队。1941 年“皖南事变”后赴苏北参加新四军鲁迅艺术团，后赴延安。中华人民共和国成立后曾长期担任上海音乐学院院长，后又担任中国文联副主席。

到“资产阶级”
“黑帮”，
批斗你的时候，
我正戴着“红卫兵”袖章。

天地玄黄，
宇宙洪荒，
大道无言，
人世沧桑。
面对滔天巨浪，
有人痴迷，
有人彷徨，
有人背叛，
有人落荒，
有人沉默，
有人嚣张……
只有你，
一次次被按下脖颈，
又一次次挺起胸膛。
你始终坚守着
正义和理性，
傲然面对
一个时代的疯狂。
中国知识界有了你，
才敢说：

在精神世界
我们始终没有放弃思想。
中国音乐界有了你，
才敢说：
我们的歌
只能发自心房。

——“三军可夺帅
匹夫不可夺志”。
孟夫子
舍生取义的豪情，
三闾大夫
行吟泽畔的苍凉，
苏武
身陷绝境时的坚贞，
司马迁
奇耻大辱后的悲壮……
承五千年
先辈的
浩然之气，
化八万里
祖国的
山川林莽。
你高昂的头颅——
是精神不屈的旗帜；

你高昂的头颅——
是真理永存的阳光；
你高昂的头颅——
是人类尊严的颂歌；
你高昂的头颅——
是民族未来的高唱。

也许，
再过多少年，
你的歌都会被遗忘，
但是，
在中国百姓的
茶余饭后，
在一个个
斜阳古柳赵家庄，
人们永远会
听那铜琵琶、铁绰板，
关西大汉，惊堂木儿响：
“……话说那天批斗会上
——贺
——绿
——汀
他头颅似铁，
脖颈如钢！……”

为《游击队歌》（贺绿汀词曲）而作

致军国主义者

用我们发明的火药，
你们造出了三八枪；
用我们发明的指南针，
你们偷袭了珍珠港；
拆汉字偏旁造了你们的假名，
效魏晋风度制了你们的服装；
从“书道”“茶道”“花道”
到修城、建寺、造房；
从三弦、尺八[①]、毛笔，
到学儒、习禅、当和尚……

当老师的，
本不该翻这些陈年旧账，
但当学生的，
就应该到老师家里来烧、杀、抢?!
你可以把鉴真供在东大寺，
也可以把唐琵琶锁在正仓院[②]的库房，
你可以把《三国演义》做成电子游戏，
也可以让宋乐在“雅乐寮”[③]继续飘荡。
但，你怎么能否认南京的屠杀，

---

① 尺八，一种竖吹管乐器，由中国传入日本，因其管长一尺八寸，遂称尺八。现流行于中国福建及日本。
② 日本“正仓院”藏有大量中国古代文物，其中有唐制螺钿紫檀琵琶等多件珍贵古乐器。
③ “雅乐寮”系日本皇家乐队，以演奏由唐宋传入之中国雅乐为职。

像小偷躲过作案的地方?!

当德国总理跪在犹太人的墓旁，
他不仅仅为德国赢得了世界的原谅，
他还为昔日同盟国的伙伴，
做了一个“人”的榜样。

为《大刀进行曲》（麦新词曲）而作

太行山上

小时候，
学唱《太行山上》，
一开始，
胸腾红日，气焰万丈，
待唱到：
“母亲叫儿打东洋，
妻子送郎上战场”，
却止不住泪珠儿晃!
真个是：
英雄志短，
儿女情长!

长大了，
再唱《太行山上》，
眼前云海苍茫，

胸中倒海翻江。
昔日仇敌今日客，
不是战场，
胜似战场，
寥廓江天万里霜。

为《在太行山上》（桂涛声词、冼星海曲）而作

致延安

在红军到来之前，
你是一个无名的小城。
默默地，苦耐着塞北的寒风。

在民族危亡的关头，
你是暗夜中的一颗明星。
渐渐地，成了民族解放的象征。

在“改革开放”之前，
你被淡忘了半个世纪的英名。
寂寂地，厮守着百年的贫穷。

在商品大潮的涌浪里，
你被致富的渴望击中。
慢慢地，成了旅游线上的风景。

为《延安颂》（莫耶词、郑律成曲）而作

冼妈妈的手[①]

“母亲靠两手操工养活我。”

——冼星海《自传》

我把你比作什么呢，
母亲的手？
你身上纵横交错的纹路，
多像珠江三角洲的河流。
无限的母爱和忧愁，
都在这掌中的沟壑奔走。

你指上有多少个“簸箕”，
多少个“斗”？
你颠簸一生，
也没有簸出去贫穷，
但你用金斗捧给祖国的，
却是整个民族的歌手。

啊……就是这双手，
在新加坡，
在广州，
在上海的弄堂，

① 冼星海自幼靠母亲当佣工将其抚养成人。

在澳门的阁楼，
你摇着少爷的摇篮，
从晨，到夜，
从夏，到冬……
你洗着太太的衣衫，
白棉，绿呢，
紫缎，红绸……
你不停地摇哟，
为了给小星海挣上一口，
小鱼，烂瓜，
茨根，蔗头……
你不停地洗哟，
为了能让这个船工的孩子
念书，识字，
成人，立业，
不再逢人便作揖，
见庙就磕头。

当母亲怀着遗腹子，
刚刚成了新寡的时候；
当母亲唯一的孩子为了事业，
远赴异域的时候；
当母亲在孤独的晚年，
奋力挣扎的时候——
你可知道在寒冷的北方，

那场震惊世界的战斗？
你可知道从那黄河之畔，
将传出一个响彻大地的声音：
“风在吼！……”

啊，你这中国妇女的手，
你这中国母亲的手，
你这终生劳作的手，
你这深沉睿智的手，
你这不怨不艾的手，
你这普普通通、但又无比伟大的手，
每当人们提起冼星海的名字，
每当人们听到《黄河大合唱》，
怎么能不想起你呀，
伟大的母亲；
怎么能不想起你呀，
母亲的手！

为《二月里来》（塞克词、冼星海曲）而作

致郭兰英

我有一盘自己复录的磁带，
全是你年轻时的歌声。
我把它当成珍贵的礼品，
送我最好的朋友听。

"青线线那个蓝线线",
像拴在我心尖尖上的绳,
什么时候听唱,
什么时候动容。

"四妹子爱上那个三哥哥",
让你唱得顽石落泪,
天地含情。
三十里铺不朽的恋人,
成就了你
百年难忘的歌声。

"一条大河波浪宽",
听来天高地阔,
"花篮的花儿香",
让人气远神清。
演"刘巧儿",
你的歌喉比百灵还巧,
演"小芹",
那"清粼粼的水"呀,
至今在我心中翻涌。

"余音绕梁,三日不散",
是古人夸张的形容。
半个世纪过去了,

人们却依然念着你，
念着你永远年轻的歌声。

为《南泥湾》（贺敬之词、马可曲）而作

团结就是力量

大敌当前，
人们才会团结。
大难当头，
人们才肯出血。

假如这力量是钢，
假如这力量是铁，
寻找敌人便是炼焦，
是炼钢炼铁的重要环节。

为《团结就是力量》（牧虹词、卢肃曲）而作

我是一个兵

我是一个兵，
我是一颗钉。
我的最大优点，
是立场坚定。

我是一个兵，

我是一颗钉。
甭跟我说什么：
“不想当将军的兵不是好兵。”

我是一个兵，
我是一颗钉。
你看那个“好兵帅克”，
全世界都有名声！

我是一个兵，
我是一颗钉。
兵是俺的骄傲，
钉是俺的象征。

为《我是一个兵》（陆原词、岳仑曲）而作

致郑律成①

从那块多灾多难的半岛，
你向大陆走来。
就像一千多年前，
地藏菩萨②东行的云彩。

---

① 郑律成（1918—1976），作曲家。生于朝鲜全罗南道光州，1933 年来华参加抗日战争。1937 年到延安，1950 年入中国籍。作品颇丰，中、朝两国目前使用的军歌均为其作。

② 中国佛教四大名山之一的九华山，传为地藏菩萨的道场。唐永徽四年（653）新罗王子金乔觉出家后渡海至中国九华山，开元十六年（728）圆寂。

金乔觉来了，又走了，
留下了金色的禅杖；
你来了，又走了，
留下了永恒的歌唱。

你一个人谱写了，
两个国家的军歌，
不是你爱战争，
是时代的灾难太多。

每当听到人的歌声，
我便想起你的故国。
我知道，你和金乔觉都在那里，
我听到你们在说：
“地狱不空，誓不成佛！”

为《中国人民解放军军歌》（公木词、郑律成曲）而作

致周巍峙[①]

当我上托儿所的时候，
你写下了这首歌。
一个刚刚站起来的民族，

① 周巍峙（1916—2014），作曲家、音乐活动家。江苏东台人。1934 年在沪参加抗日救亡歌咏活动。1936 年编辑出版《中国呼声集》，抗日战争期间活跃在华北抗日前线。中华人民共和国成立后长期担任文化领域的领导工作，曾任文化部代部长、中国文联主席。

唱着它去迎战超级大国。

当我上中学的时候，
你主持排演了《东方红》，
把有数千年历史的雅乐，
推向了最辉煌的顶峰。

当我上山下乡的时候，
你不知道在哪里写“检查”，
那时我们很“富有”，
有八个样板戏，一个作家。

当我开始写作的时候，
你正是我们的“代部长”，
也许是因为这个“代”字，
你的所有讲话，都空洞而抽象。

当你退休的时候，
我才见识到你的幽默与才华，
你兴高采烈地忙碌着，
像一匹卸下辕套的老马。

老马，老马，
祝你长寿，祝你“大发”！

为《志愿军进行曲》（麻扶摇词、周巍峙曲）而作

全世界人民团结紧

在叶赫那拉氏的时候，
八国联军在北京遛马。
在毛泽东的时候，
我们和“联合国军”对打。

不仅仅是为圆明园报仇，
不仅仅是为保卫自己和邻家。
中国人民刚刚站起来，
岂能容你在门口叫骂。

“光脚的不怕穿鞋的”，
一穷二白还怕啥?
哪一个国家的军队，
会在出征时如此高唱：
“嘿啦啦啦啦，嘿啦啦啦?!”

为《全世界人民团结紧》（崔德志、蔡子人词，张风曲）而作

咱们工人有力量

五十年前，
唱着“咱们工人有力量”，
登上“领导阶级”的宝座，
接管了一个个工厂。

三十年前，
唱着“咱们工人有力量”，
戴着“工人宣传队”的袖章，
登上了大学讲堂。

一年前，
唱着“咱们工人有力量”，
怀着困惑、无奈与希望，
关掉车床下岗。

三天前，
唱着“咱们工人有力量”，
拿出最后的积蓄，
和伙伴们合开个小食堂。

三年后，
唱着“咱们工人有力量”，
小食堂越办越“火”，
扩建成了大饭庄。

五年后，
唱着“咱们工人有力量”，
攥着大把的股票，
当一当连锁饭店的“董事长”。

三十年后，五十年后，
唱着“咱们工人有力量”，
听那时的工人们唱：
“我们
工人
有
力量！”

为《咱们工人有力量》（马可词曲）而作

火红的时代

致王莘 ①

有人说，可惜呀，
你这一辈子，
只写了一首好歌。

我说，多好啊，
你这一辈子，
都在《歌唱祖国》。

让夜莺去歌唱爱情，
让春风去歌唱江河，
让秋水去歌唱明月，
让我们来《歌唱祖国》。

为《歌唱祖国》（王莘词曲）而作

① 王莘（1918—2007），作曲家。江苏无锡人。青年时在沪参加抗日救亡歌咏运动，1938 年到延安，中华人民共和国成立后曾在中央音乐学院进修，长期在天津担任音乐界领导工作。

致社会主义

从一个天才的假设，
到许多高尚的理念；
从一本才华横溢的小书，
到许多天塌地陷的实践。
社会主义，终于走到了今天。

从大英图书馆的长桌，
到向冬宫开火的兵舰；
从毛泽东的秋收起义，
到格瓦拉的游击作战。
社会主义，终于走到了今天。

从并肩抵抗法西斯，
到中苏、中越边境之战；
从轰然倒塌的柏林墙，
到赤日炎炎的北朝鲜。
社会主义，终于走到了今天。

从解剖毛孔里淌着血的“资本”，
到缴纳昂贵的“学费”学当老板；
从取消了货币的“红色高棉”，
到事事有社会福利的北欧瑞典。
社会主义，终于走到了今天。

从“公私合营”的锣鼓，
到“独资公司”的上岸，
从收回三分自留地，
到“开发区”“五十年不变”。
社会主义，终于走到了今天。

从“十五年赶上英国”的“大跃进”，
到“社会主义初级阶段”的新观点；
从买根油条还要排队的“文革”十年，
到“改革开放”后神州巨变。
社会主义，终于走到了今天。

为《社会主义好》（希扬词、李焕之曲）而作

我们走在大路上

如果知道，
条条大路通罗马，
我们未必那么张扬。

如果知道，
路的尽头是大漠，
我们未必那么轻狂。

在我们眼里，
这条路通向天堂；

在我们眼里，
这条路的尽头，
是全人类的解放。
“共产主义是天堂，
社会主义是桥梁。”

只是，我们没有想到，
这“桥”，竟像这路，
如此漫长，
如此漫长……

为《我们走在大路上》（劫夫词曲）而作

让我们荡起双桨

让我们荡起双桨，
在记忆的碧波中徜徉。
那时，天更蓝，水更清，星星更亮！

让我们荡起双桨，
陶然在旧日的梦乡。
何必“老夫聊发少年狂”，
只轻轻地摇，轻轻地荡。
年华似水命如舟，
心无闲事四时畅：
春天的花儿好，秋天的月儿亮，

冬天的雪儿白，夏天的风儿凉。
余下的神仙日子，
且付与蛙鸣蝉唱。

为《让我们荡起双桨》（乔羽词、刘炽曲）而作

过二郎山

唱歌唱了四十年，
我才来到你的面前。
吞天吐地
是你雄浑壮阔的身躯；
如涛似浪
是你连绵起伏的峰峦。
盘旋的路，扶摇直上
像一条见头不见尾的巨蟒；
蜗行的车，前后相衔
像一线蜿蜒不断的龙涎。
走走停停，
似在考验我朝山的诚意；
停停走走，
似让你体会开路的艰难。
山顶上，
飘过一阵阵高原的冷雨；
山坳里，
传来一缕缕爆破的硝烟。

司机笑指山深处：
“再过几年，
就甭受这份罪喽，
都从山肚子里头钻……”

为《歌唱二郎山》（洛水词、时乐濛曲）而作

初　会

像花瓣上的第一颗露珠儿，
包蕴着清凉的晨曦；
像檐角下的第一钩月牙儿，
牵挂着浓浓的思绪；
像孩子的第一声啼哭，
永催着母亲的记忆；
像早春的第一丝嫩柳，
融进了茫茫新绿。

我们初会，
在那天夜里。

像隆冬的第一声惊雷，
呼唤着蒙蒙的春雨；
像冰河的第一纹裂痕，
摹画着夏日的涟漪；
像高空的第一颗流星，

昭示着又一个奇迹；
像子宫的第一次躁动，
哼唱着生命的旋律。

我们初会，
在那天夜里。

为《敖包相会》（海默词、通福曲）而作

清粼粼的水来蓝莹莹的天

不是二孔明不会算，
是社会在发展；
不是三仙姑未成仙，
是门外变了天。

不是二黑哥的枪法好，
是姑娘心里长了草；
不是小芹赶得巧，
是反封建的锣鼓敲响了。

不是什么“咏叹调”，
“话剧加唱”也挺妙；
不是因为郭兰英，
山西民歌本来就好听。

为《清粼粼的水来蓝莹莹的天》（胡沙、田川词，马可曲）而作

致“白毛女”

“白毛女”，你现在可好？
你那白了又黑，
黑了又白的两鬓，
似难再插沉甸甸的花苞。
光阴似箭，日月如梭，
美人迟暮，英雄渐老。
柜底，
可还藏着 “劳模进京”的照片？
门上，
可还贴着“五好家庭”的称号？
“文革”中，挨批斗，
你落下的腰疼病好了没好？
“三结合”后“站错队”，
你该“讲清楚”的问题是否还有问号？
大儿子承包的建筑队，
这年头正好“大干快上”，
小儿子在深圳，
票子一定寄回了不少。
二闺女“下岗”没活儿干，
也没啥大不了，
听说，黄世仁的二小子
回国投资在省城，
要不要我帮忙把他找？

噢，还真忘了告诉你
……就是，就是，嗯……
你原来的老头子，
当年的“大春”，
他“离休”以后都挺好，
待遇都不少，
房子也不少……
就是想回家乡看一看，
免去多年的心病夜夜梦中绕。
他说，只要你今天一点头，
他明儿晚上就到……

为《北风吹》（贺敬之词，张鲁、马可曲）而作

学习雷锋好榜样

“爸爸，雷锋是谁？”

“嗯……他是
我们在你这么大时崇拜的对象——

他比迈克尔·乔丹矮，
但同样集中了全场的目光。

他有点像迈克尔·杰克逊，
但他在台上不会男装女相。

当然，他没有爱因斯坦那么智慧，
但也改变了许多人的理想……”

“那……他到底是打球还是歌唱？”

“NO——，NO，NO，
他只是在别人休息时扫地，
当别人需要时帮忙。”

为《学习雷锋好榜样》（洪源词、生茂曲）而作

洪湖水，浪打浪

悲歌慷慨起洪波，
当年将军百战多，
兵权已释灾未尽，
一朝托体同山阿。

为《洪湖水，浪打浪》（集体词曲）而作

草原之夜

草原上，
比风跑得还快的
是骏马，
比夜还悠悠的

是长调[①]。

心坎上，
比自己还贵重的
是她，
比思念还放不下的
是歌。

为《草原之夜》（张加毅词、田歌曲）而作

草原上升起不落的太阳

的确，这歌有点“倒字”：
“飘”唱成“漂”，
“跑”唱成“抛”，
“他”唱成“塔”……
但，这又有啥？
只要能唱出好心情，
还怕抓了西瓜，丢了芝麻？
再说，我们蒙古族说汉话，
那“四声”也有点太复杂。
你们汉族跳我们“蒙古舞”，
不也是这样乱晃膀子乱踢腿，
脖子拧麻花？

① 长调，蒙古族民歌中最常见的形式，以气息悠长、节奏舒展宽广著称。

啥？我有点夸大？
哈哈哈……
那咱先干了这碗酒，
再把民族团结的话慢慢拉！

为《草原上升起不落的太阳》（美丽其格词曲）而作

马儿呀，你慢些走

爱得太深，
才骂“冤家”“死鬼”；
美到极致，
才说“美得要死”。

对祖国的山河太眷恋，
才叫“马儿呀，你慢些走”；
“歌德”的水平太高，
才会被打成“毒草”[①]。

为《马儿呀，你慢些走》（李鉴尧词、生茂曲）而作

革命人永远是年轻

“革命人永远是年轻”，
是因为，

① 此歌在“文革”中曾遭批判，称叫马儿“慢些走”，便是企图叫社会主义“慢些走”。

革命过程
是世上最浪漫的事情。
摧枯拉朽，顺天应命。
青年的鲜血与热情，
正好适应。

但革命一旦成功，
鲜花入抱，美女投怀，
日日美酒，夜夜笙歌……
当了官也得付代价哟
——文山会海不必说，
时时事事，
眼盯着上司的脸色，
耳听着八方的来声，
若再赶上一个运动，
伍子胥过文昭关，
也没有这么头痛！
焉得再“年轻”？
唉！革命人，
最怕是成功！

为《革命人永远是年轻》（劫夫词，劫夫、中艺曲）而作

致　梅

梅、兰、竹、菊四君子，

你排在最先。
你比兰更坚贞，
比竹更多姿，
比菊更雅淡。
你出身名门，
却与权贵无缘。
你天生丽质，
从来素面朝天。
你外柔内刚，
气静神闲。
铜皮铁干碧玉枝，
托着的花骨朵，
却偏偏像娃娃的脸。

你天生高雅，
俗气难沾。
你格调奇绝，
偏爱冬天。
自古，
踏雪寻梅，
便是文人雅士的特权。

爱情，缠着玫瑰，
富贵，傍着牡丹。
而普天下的才子，

都爱在朦胧的月下，
去寻那“疏影横斜水清浅……”

“赏心只有两三枝”，
任凭触目花海迷人眼，
——是真性情的表现。

“零落成泥碾作尘”，
存香而弃绚烂，
——是花对情的眷恋。

为《红梅赞》（阎肃词、羊鸣等曲）而作

新编《老司机》

五十岁的老司机我笑脸扬，
拉起了手风琴咱们唠唠家常。
想当年我十八岁就开起了国产车，
开起了“解放”汽车咱心里多亮堂。
可就是，没想过，
这三十年后是啥模样。
到如今，放眼望，
这满街的丰田、皇冠、奔驰、宝马、福特……
一辆接着一辆，
嘿呵嘿——
一肚子的话儿我不知对谁讲，

唉咳咳，唉咳咳咳，唉咳咳咳咳咳哟。

五十岁的老司机我笑脸扬，
拉起了手风琴咱们唠唠家常。
想当年我十八岁就开起了国产车，
一辈子就盼望着国产汽车走四方。
出国门，过大洋，
跟外国汽车拼一场！
盼星星，盼月亮，
就盼着咱们民族工业蒸蒸日上，
嘿呵嘿——
我躺进了棺材里心中也舒畅！
唉咳咳，唉咳咳咳，唉咳咳咳咳咳哟。

为《老司机》（刘中词、先程曲）而作

致克拉玛依

从这首歌，
世界知道了你。
从这首歌，
人们记住了一个美丽的名字
——克拉玛依。
从那时起，
你又经历了多少风雨？
日日夜夜，朝朝夕夕，

你把全身的血液都献给了我们，
一桶，一桶，
一滴，一滴……
啊，克拉玛依，
你这母亲般的土地。
我对你不仅仅是尊敬，
还有被施者深深的谢意……

为《克拉玛依之歌》（吕远词曲）而作

唱得幸福落满坡

明末清初的时候，
一个叫冯梦龙[①]的文人
哼着《挂枝儿》说：
世上“但有假诗文，
无假山歌”。
“大跃进”的时候，
一个叫史掌元的农民
站在南山唱山歌：
“唱得红花朵朵开，
唱得果树长满坡……”

为《唱得幸福落满坡》（陕西民歌，史掌元曲）而作词

① 冯梦龙（1574—1646），明代文学家、戏剧家。曾创作、改编戏剧多种，并编有被称为“三言”的小说集和民歌集多种。

花儿为什么这样红

“花儿为什么这样红？”
音乐课上，
张老师一唱这首歌，
便忘了骂我们淘气；
物理课上，
王老师讲光学，
讲的却是别的道理。
语文李老师说：
“讲鲜血染红了什么，
都是一种比喻。”
政治郭老师说：
“这个电影不许去看，
情调是小资产阶级！”
我翻开《十万个为什么》，
却没有找到这个问题。

为《花儿为什么这样红》（民歌，雷振邦改词编曲）而作

全世界无产者联合起来

山连着山，
海连着海，
全世界无产者联合起来！
海靠着山，

山靠着海，
全世界无产者要先富起来！
红日出山临大海，
照亮了人类致富的新时代！
看旧朋友正在八仙过海，
穷苦人出头之日已经到来！

我们是山，
我们是海，
我们砸碎了脚镣手铐，
才发现自己贫困的世界。
山连着山，
海连着海，
全世界无产者联合起来！
联合起来！联合起来！
全世界无产者联合起来！！

为《全世界无产者联合起来》（光未然词、瞿希贤曲）而作

最响亮的歌

东方红

许久许久之前，
在黄土高原的一角，
一个被情欲煎熬的汉子，
对着大山吼叫：
“妹妹的脚，尖又小，
上边绣着一只金丝鸟。
有心摸摸妹妹的脚，
呼儿嘿哟——
金丝鸟它飞去了。”
过了不知几年，
还是在那座山峦，
一个骑马的汉子，
对着山坳呼喊：
“骑白马，挎洋枪，
三哥哥吃上八路军的粮。
有心回家看姑娘，
呼儿嘿哟——

打鬼子又顾不上。”
山歌悠悠，像大山上的风，
十年向西，十年向东。
忽然，在一个普普通通的早晨，
一个同样普普通通的汉子爬上山峰，
对着天地，扯开了喉咙：
“东方红，太阳升，
中国出了一个毛泽东：
他为人民谋幸福，
呼儿嘿哟——
他是人民大救星。”
又过了许久许久，
一艘火箭从高原腾空而起，
卫星上天，带去了一段不朽的旋律。
从此，一个民族百年的历史，
在乐声中响彻天宇。

为《东方红》（陕北民歌，李有源词）而作

大海航行靠舵手

从《诗经》的时代，
我们便开始“比兴”。
那些“呱呱（关关）”叫的雎鸠，
能让我们想到爱情。

从遥远的贾湖[1]之畔，
我们便开始歌唱。
那些细长的骨笛，
能让我们升华欲望。
三百篇的“比兴”，
八千年的歌唱，
可有哪一首歌的比喻如此铺张？

李延年[2]的才华，
司马相如[3]的想象，
可有哪一朝的雅乐如此情长？
“鱼儿离不开水，
瓜儿离不开秧”，
一部完整的中国音乐史，
也离不开这一章。

为《大海航行靠舵手》（郁文词、王双印曲）而作

唱支山歌给党听

唱这首歌的时候，
你要特别注意：

① 河南贾湖曾出土距今 8000 年的骨笛，当为原始人抒情咏怀之器。

② 李延年，汉代宫廷音乐家，著名的汉乐府的领导人，官封“协律都尉”，据《史记 · 乐书》及《汉书 · 礼乐志》载，李曾为汉武帝祭祀天地作《郊祀歌》十九章。

③ 司马相如，汉代著名文学家，亦曾服务于乐府，为歌功颂德之“专业作家”。

第一是感情，
第二是气息。
感情要充沛，
因为歌词是“戏剧”；
气息要连贯，
虽然旋律有对比。
你可别小瞧这首歌，
作曲的可是大手笔。
当年我唱这首歌，
全场流泪擦鼻涕。

唱时你要挺起胸，
想象眼前有面大红旗，
红军长征过草地，
两万五千里……
可千万不要看屏幕，
——现代这些 OK 里，
甭管你唱个啥，
全都是些游泳衣！

为《唱支山歌给党听》（焦萍词、践耳曲）而作

太阳最红，毛主席最亲

当克莱德曼耍完了噱头，
缓缓弹出这段曲调，

我一下子便原谅了
他那虐待钢琴的癖好。

当泰森重返赛场，
左臂刺着毛主席的头像，
我从此便改变了
对这项野蛮运动的印象。

没有一个现代的中国人，
在世界上有他这样高的威望。
没有一个现代的中国人，
对中国和人类有他那样大的影响。

先不要着急用简单的分数，
来论定伟人的罪过和功劳。
你只有站得很远很远，
才能看清珠穆朗玛峰的全貌！

为《太阳最红，毛主席最亲》（付林词、王锡仁曲）而作

毛主席的战士最听党的话

那时候，
我们把这叫作气概。
那时候，
我们把这叫作豪迈。

那时候，
我们心里没有自己。
那时候，
我们只想做革命后代。

那时候，
党叫干啥就干啥，
没人会讨价。
那时候，
祖国的需要就是我们的需要，
没人有二话。

现在你们把这叫“犯傻”，
你们有你们的新唱法：
“新时代的战士最听钱的话，
哪里有钱到哪里去，
哪儿能发财到哪儿安家……”

可怕，可怕，
这“代沟”实在太大！

为《毛主席的战士最听党的话》（李之金词曲）而作

北京的金山上

这是我在二胡上

学拉的第一首曲调。
我们毛泽东思想宣传队，
每个人都会唱，
每个人都会跳。

这原来是藏民
赞颂强巴佛的曲调。
毛主席让农奴翻了身，
那佛经中说的金山，
便在北京照耀。

为《北京的金山上》（藏族歌曲，马倬编词）而作

致北方

几乎从有记忆开始，
祖先便忧虑地望着北方。
茫茫大草原，
风劲，马快，弓强。

横扫六合的秦始皇，
虎势雄哉国运旺。
但农民的思维再膨胀，
也只会抓孟姜女的丈夫去筑墙。
可马是会跑的哟，
哪怕你的长城再长！

汉武帝，最阳刚，
扫四野，定八荒，
找了些卫青、霍去病，
一帮不怕死的儿郎。
马踏匈奴千万里，
从此汉家美名扬。
只可惜
大漠自古多憾事，
留下了
苏武坚贞，
李陵凄惶，
太史公断肠！

从古到今
多少英雄抆泪眼，
西北望，射天狼。
僵卧孤村，
只恐儿孙家祭忘！
代代豪情，
梦中犹思灭强梁……

天安门前红旗壮，
各族人民歌声亮。
从此太平赞歌唱。

为《赞歌》（胡松华作词、编曲）而作

我爱北京天安门

又来到广场中间，
又来到你的面前。
万里归来的游子，
怎能不热泪涟涟。

多少个不眠的夜晚，
你在我梦中闪现。
多少次远望祖国，
遥致我心底的祝愿。

我把天安门前的华表抚暖，
我把金水桥上的栏杆拍遍，
你一定懂得我，
万水千山隔不断的思念。

丰碑矗立云端，
红旗飘扬蓝天。
孩子们在纪念碑前宣誓：
继承烈士遗愿，
为了祖国美好的明天。

为《我爱北京天安门》（金果临词、金月苓曲）而作

致朝鲜族友人

辣白菜，狗肉汤，
白米饭，泛油光。
烧酒熊熊撞胸膛，
张口便唱《阿里郎》[①]。

小伙子直爽，
姑娘们善良，
“阿妈妮”勤劳更慈祥，
人虽离开“高丽屯”[②]，
多年萦怀不能忘！

三千里江山多少事，
从此事事挂心上。
一日悲望“南北朝”，
忽忆当年醉后唱：
“省吃俭用的小夹袄，
铺张浪费的大裤裆。”
未料此语成谶语，
上北下南忒形象。

---

① 《阿里郎》，朝鲜民歌。据说，在一次国际体育比赛的开幕式上，为避免政治冲突，无论朝鲜南方还是北方，出场时一律不奏“国歌”，只奏《阿里郎》，南北皆悦。

② “文革”时，我“插队”至黑龙江省哈尔滨市郊区向阳公社黄河大队一队，历时四年半。该村旧名“高丽屯”。“前屯”为汉族，“后屯”为朝鲜族。

苦笑才罢含泪祷：
春风早日到他乡！

致崇拜者

崇拜，是激情的需要。
历史，是沉重的玩笑。
我们在东方，
为见到领袖流泪哭号；
你们在西方，
为见到列侬[1]捶胸顿足。
彼此彼此，
很难说谁低谁高。
不过，当崇拜只属于宗教时，
现实肯定会更好。

为《草原上的红卫兵见到了毛主席》（李德全词、高士衡曲）而作

致锡伯族

在中国的五十六个民族中，
我对你格外敬仰。
你们举族西迁，
只为了祖国的边防。

---

① 西方著名歌星，死于其崇拜者的枪杀。

从东北，到新疆，
西迁之路，
是充满千辛万苦的史诗；
从过去，到今天，
锡伯族的历史，
是爱国主义的高唱。

听说，你们至今保存着
清帝命你们屯垦戍边的诏书，
缘何到此，代代不忘。

听说，“困难”时边境动荡，
许多人弃国离乡。
只有锡伯人坚如磐石，
决不奔向他方。
你们说：
我们是来守边的，
岂能不守而逃，
玷污了祖先的荣光？

多少年了，
大清皇帝早已不知去向。
你们却依然守着诺言，
守着一个千年不灭的理想：
锡伯人是祖国的卫士，

是卫士，便绝不能落荒。

多少年了，
世界早已变样，
但无论社会如何变化，
忠诚——
永远是可贵的品质；
锡伯人——
永远是忠诚的榜样。

为《世世代代铭记毛主席的恩情》（佘吐肯词、祝恒谦编曲）而作

致卫生部

都说那时候不好，
这我也都知道。
天天开什么斗争会，
田里不长庄稼光长草。
还说什么，
“宁要社会主义的草，
不要资本主义的苗”。
弄得饿又饿不死，
吃又吃不饱。
还是“改革开放”得人心，
分田到户搞承包。
你看现在，

粮食满屯猪满槽，
牛羊满山跑。
可这老天也真叫怪，
总让这好里有孬，
孬里有好——
那时候没啥惹人想，
就想那赤脚医生打赤脚，
下地还挎着“十字包”。
医疗队三天两头下乡来，
不花钱，给好药，
查体，治病，还带开刀。
可现在，
有点啥病都得进县城，
药又贵得受不了。
你说要是这样可有多好：
种“邓小平的地”，
吃“毛主席的药”……

为《毛主席关怀咱山里人》（郭兆甄词、郑秋枫曲）而作

致劫夫[①]

一想起你，

---

① 劫夫（1913—1976），原名李云龙，曾用名李捷夫，作曲家。1937 年到延安，后长期在晋察冀抗日根据地做宣传工作。解放战争时期任解放军文艺工作团团长。中华人民共和国成立后任沈阳音乐学院院长。其大量歌曲作品脍炙人口。“文革”后期“林彪事件”后自杀。

总有那么一点悲凉。
你活得太累，
死又死得凄惶。

你才华横溢，
出口成章。
你一肚子都是旋律，
又多又好又便当。
你连《人民日报》社论都能谱曲，
真能气死贝多芬，
难倒肖邦。

你发明了语录歌
——六十年代的“圣咏”，
八亿人民唱。
只可惜那些好旋律，
都被一风吹个光。
假如你多写些“哥哥妹妹”，
不也能将浮名，
付与那浅斟低唱?!

为《领导我们事业的核心力量》（语录歌，劫夫曲）而作

致历史

历史，你不要窃笑，

你不要总躲在暗处，
让人看也看不清，
摸也摸不到。
你不要总把我们当小孩，
光拿糖儿哄，话儿绕。
我知道，你会变戏法，
能指鹿为马，黑白颠倒，
能填山填海，云遮雾绕。
但你可知道，
假如有一天，
人们将不再相信你，
你又该如何是好？
是的，一个没有历史的民族是悲哀的，
但是一个不可信的历史岂不是更糟？！

为《蝶恋花·答李淑一》（毛泽东词、劫夫曲）而作

新民谣

三十年代听枪声，
四十年代听大炮，
五十年代听锣鼓，
六十年代听口号，
七十年代听邓丽君，
八十年代听乱号乱叫，
九十年代你想听啥就听啥，

啥都长不了。

为《争取胜利》（语录歌，劫夫曲）而作

致知青伙伴

当年地老天荒，
我们结伴下乡。
诗酒年华种地，
辜负大好春光。

而今两鬓苍苍，
独子未能成行。
偷看老爸日记，
哈哈大笑出言狂：
“你们当年真傻帽儿，
满嘴‘革命理想’。
‘下乡’该有多好，
不必高考紧张。
‘上山’岂不更‘酷’？
旅游外带观光。
可干吗不许谈恋爱，
这怎么就是‘资产阶级思想’？”

当年地老天荒，
我们结伴下乡。

未料终生受用，
几年大好时光。

为《到农村去，到边疆去》（践耳词曲）而作

千年的铁树开了花

我从不信什么“天人感应”，
更不信灾异祥瑞那一套。
但——
铁树开花，
哑巴说话，
唐山地震，
却绝不是什么好兆。

有人说：
老人家要走了，
先发五十万燕兵去阎王那里报到。
——这绝对是造谣。
有人说：
一个时代要结束了，
所以枯藤发芽，
羊生三角，
黄河改道。
——这绝对不可靠。

我不懂高深的科学，
但我越来越相信自然之道：
是狗，就不要“喵，喵”叫，
是苹果，就不要长成桃，
是和尚，就不要做老道，
是国家干部，
就不要贪钞票。

愿草原永远有草，
愿森林不再燃烧，
愿孩子不失童真，
愿长江保持航道，
愿冬天不再变暖，
愿夏天不下冰雹，
愿孕妇不照 B 超，
生男生女都好。

为《千年的铁树开了花》（王倬词、尚德义曲）而作

致陕北

一道道的山来一道道的水，
满怀着亲情望陕北。

信天游不唱整十年，
广播一放泪涟涟。

十年“文革”好比大旱地，
信天游好比及时雨。
陕北民歌都是心上的油，
啥时听啥时泪蛋蛋流。

陕北对革命贡献多，
根据地，血汗，加民歌。

为《山丹丹开花红艳艳》（陕西民歌，集体填词编曲）而作

致北京

在世界所有的城市中，
我还是最爱你，北京。
虽然北海的白塔在变黑，
虽然西山的天空雾蒙蒙，
虽然三环路成了停车场，
虽然四合院变了鸽子笼。

在世界所有的城市中，
我还是最爱你，北京。
虽然在天津好买房，
虽然在深圳有钱挣，
虽然在纽约更宽松。

在世界所有的城市中，

我还是最爱你，北京。
我不能一个月不去趟潘家园[①]，
我不能没有一帮哥们儿对酒“侃”，
我不能没有一本闲书伴孤灯。

在世界所有的城市中，
我还是最爱你，北京。
只要北大还在未名湖，
只要“人艺”还在王府井，
只要卧佛寺的玉兰还年年开，
只要“二锅头”还卖五块钱一瓶。

为《北京颂歌》（洪源词，田光、傅晶曲）而作

样板戏

唱“样板戏”，
吃“样板饭”，
穿“样板衣”，
进“样板团”，
甭看才八出样板戏，
多少人围着它日夜转！

① 在北京劲松附近的旧货市场。当琉璃厂已变成洋人光顾的“涉外旅游点”时，潘家园便成了北京穷文人爱去的地方了。

编剧绝对是大手笔，
《智斗》的唱词真耐看。
作曲的也是大才子，
“柯湘”的唱段多绚烂。
把三江五湖四海的水，
都浇了这“样板”八亩园！

春花秋月，时过境迁，
明明的月，朗朗的天，
来，来，来，
让您见笑多包涵，
听我来段儿
——《打虎上山》。

为《穷人的孩子早当家》（样板戏）而作

为自己歌唱

军港之夜

太累了，斗了整整十年！
人不解甲，马不卸鞍，
革命人永远不闭眼，
睡觉便意味着背叛。

太香了，今天终能睡觉，
海风轻吹，海浪轻摇，
摇篮曲轻轻飘，
仿佛回到娘的怀抱。

太巧了，历史正换新颜，
激昂的口号早已听厌，
革命的大批判也已疲倦，
人们正要放松，
苏小明正好出现。
此歌早出五年，
肯定会遭批判；

若是晚出五年，
恐怕会被风吹散。

为《军港之夜》（马金星词、刘诗召曲）而作

致哈尔滨市政府

哈尔滨市政府，
真该给王立平立个铜像。
全中国都知道太阳岛，
靠的是《太阳岛上》。

听说他写这首歌，
只得了十几元稿费。
真该把太阳岛的旅游收入，
让他抽百分之一的“版税”。

至今每年除夕，
日本人都来枫桥听钟，
就因为一千多年前，
张继写了寒山寺的钟声。

一个普通地方，
一朝天下名扬，
后人获利又沾光，
歌者不该遗忘。

为《太阳岛上》（邢籁、秀田、王立平词，王立平曲）而作

致王酩

你的歌写得好，
名字起得更好。
一看你的名字就要醉，
省却多少烦恼！

你活活得好，
死也死得好，
一个跟斗摔下去，
便什么都不知道。

够了，王酩，
死后有人歌唱，
生前日日酩酊，
也算是此生有幸，
人生复又何能？

为《边疆的泉水清又纯》（凯传词、王酩曲）而作

泉水叮咚响

泉水不是铃铛，
怎么会“叮咚响”？
水流入海很正常，
怎么会扯得上“紧握手中枪”？

你的“他”参军在外，
怎么能不想家乡？
不想家乡的人怎么能记得祖国？
不记得祖国的人怎么能孝敬爹娘？
还是“革命歌曲”的遗响，
但已透露了新时代的春光。
轻歌曼舞还有点害羞，
拉上个“战士”陪绑。
再过上三五年，
歌声便不一样。
“哥哥妹妹”正式上场，
“革命战士”统统下岗。
到那时，
再用不着什么“叮咚响”，
震耳欲聋的大声浪，
五脏错位，个性解放。

为《泉水叮咚响》（马金星词、吕远曲）而作

妹妹找哥泪花流

自古“妹妹”唱“哥哥”，
便妙处不必与君说。
“妹”是心上的“情妹妹”，
“哥”是 LOVE 好哥哥。

“文革”当中搞极“左”，
彻底批判了旧情歌。
“样板戏”里的主人公，
统统男鳏女寡没老婆。
李玉和只有娘和女，
杨子荣光棍队里当大哥。
阿庆嫂的丈夫去“跑单帮”，
李铁梅太小未出阁……

十年“文革”虽结束，
遗风犹在顾虑多。
电影不能没插曲，
唱不唱爱情费琢磨。
《小花》编导生巧计，
偷梁换柱“妹”找“哥”，
虽然“兄妹”多缠绵，
却是一母同胞的新哥哥。
十年后电影全忘光，
“妹妹找哥”传全国。
唱者不知找的谁，
兀自怀春情更多。

为《妹妹找哥泪花流》（凯传词、王酩曲）而作

再见吧，妈妈！

虽然还是“向前，向前——”
但已不知“我们的队伍向太阳”，
虽然还是“雄赳赳，气昂昂”，
但打的已不是“美帝野心狼”。
多少有点英雄老去，
多少儿女情长。

苏联的《共青团员之歌》，
曾激励万千青年上战场。
“再见吧，妈妈，
别难过，莫悲伤……”
同样是母子相别，
却没有凄凉，
只有昂扬。

都是为祖国打仗，
都是亲子别亲娘！
“唯乐不可以为伪”[①]，
此言语短意深长。

为《再见吧，妈妈》（陈克正词、张乃诚曲）而作

① 语出《乐记·乐象篇》。

血染的群山

也许，
这是这片翠绿群山
最后一次炮声，
最后一次流血。

也许，
这是两千年的恩恩怨怨
最大的迸发，
最终的总结。

也许，
战争就是一所收费昂贵
但又不得不进的大学。
也许，
历史就是一个弯来绕去
最终又回到原处的吉祥结。

不管怎样，
也许，
没有汉武帝设郡，
就没有奠边府大捷。
也许，
没有前天的“同志加兄弟”，

就没有昨天的刀枪剑戟，钩叉斧钺。

也许，
共同的意识形态，
还完不成民族利益的超越。
也许，
把“镇南”改成“友谊”，
也挡不住关内外的阴晴圆缺。

也许，
血不仅仅染红了“风采”，
还提高了人类的境界。
也许，
下个世纪的音乐史家，
要为这首歌，
加上长长的注解。

为《血染的风采》（陈哲词、苏越曲）而作

致三毛

你不说从哪里来，
也不说到哪里去，
你独往独行，
亭亭立潇潇烟雨。

语境儿凄迷，
行踪儿诡秘，
写字洛阳纸贵，
做人迷倒男男女女。
你生是脂粉队里雄，
死亦不让楚项羽。
管他有没有“荷西”，
你生在浊世中，
活在幻想里。
实在找不到男人可爱，
也不妨“造”一个，
当一回上帝。

有人说，
你为情而来，
又为情而去。
有人说，
你这么晚才找到理想中的人，
又这么快便发现自己骗了自己。
还是《红楼梦》里说得好：
你绝对是一汪儿水，
他整个是一摊子泥！

为《橄榄树》（三毛词、李泰祥曲）而作

思　念

思念，是一种状态，
思念，是一种语言，
思念，是一种幸福，
思念，是一种梦幻。

人与人不能太近，
又不能太远。
太近了会渐渐麻木，
太远了会慢慢冷淡。

思念，是一种需要，
思念，是一种意愿，
思念，是一种无奈，
思念，是一种震颤。

人与人不能太坦诚，
又不能存心欺骗。
太坦诚你将失去朋友，
骗人使你不敢看自己的眼。

思念，是一种忏悔，
思念，是一种哀怨。
思念，是对空间的胜利，

思念，是对时间的背叛。

为《思念》（乔羽词、谷建芬曲）而作

祝酒歌

十年前的今天，
几乎没有人不困惑；
十年后的今天，
几乎没有人不喝，
这酒——
真的是喜酒，
醉了十亿人心窝。

喝！
“牛鬼蛇神”又成了人！
喝！
“走资派”又有了车！
喝！
“文革”小组散了伙！
喝！
中国人要走进新生活！

酒是好酒，
歌是好歌。
十年一觉神州梦，

从头收拾旧山河。

为《祝酒歌》（韩伟词，施光南曲）而作

青　春

青春，本不必歌唱，
就像妙龄少女，
不需要化妆。

青春，注定被浪费，
谁拥有它的时候，
谁不知道它珍贵。

青春，其实最公正，
它对谁都一样，
既不少给，也不多送。

青春，对我说声“再见”，
就像离我而去的她，
翩然融入记忆的碎片……

为《青春啊青春》（凯传词、王酩曲）而作

生　活

说你“充满阳光”，

这话真的可怜，
不是善意的欺骗，
便是不可救药的肤浅。

你有阳光，也有风雨，
你有凄婉，也有壮丽，
正因为你多姿多彩，
人们才会爱你。

一个不停微笑的老婆，
你俩仨月就要离婚；
一天到晚让你吃糖，
恐怕快到医院打吊针。

太阳，不能总亮，
颂歌，不能总唱，
股票，不能总看涨，
孩子，不能总表扬。

为《我们的生活充满阳光》（秦志钰等词，吕远、唐诃曲）而作

致施光南

施兄，你是我的学长，
我们都从海河畔走来，

在“十一经路”[①] 度过青年时光。

你写旋律，实在才华横溢，
连一朵“五好红花”，
都让你写得荡气回肠。

可惜你生得太晚，
又走得太早，
你若早生二十年，
《黄河大合唱》可能由你来搞，

你若晚走十年，
现在这帮大腕只配给你洗脚……
而现在，我只能说：
施兄啊，施兄，你走好！

为《打起手鼓唱起歌》（韩伟词、施光南曲）而作

在希望的田野上

希望，不是“稀奇的愿望”，
它那么朴实，
就像邻家的姑娘。

① 天津河东区十一经路曾为中央音乐学院所在地，施光南即在此读书，后“中央院”迁北京，留下以缪天瑞为首的部分人员与河北艺师合并为天津音乐学院。此亦为我母校也。

希望，是清晨盼阳光；
希望，是秋粮盼打场；
希望，是孕妇盼生产；
希望，是新郎盼新房。
希望，是冬天里的一炉火，
希望，是饿汉子面前的一盆面片儿汤。

给我们希望吧，
为了穆穆远祖，迈迈高堂；
给我们希望吧，
为了绵绵瓜瓞，悠悠蔓长！

为《在希望的田野上》（晓光词、施光南曲）而作

万里长城永不倒

百年孤独，
百年凄凉，
东方的睡狮醒了，
天已大亮！

嘴里，咀嚼着
不平等条约的碎片；
身上，布满了
牛虻叮咬的创伤，
心中，燃烧着奔跑的渴望，

眼前，却触目是榛丛林莽。

先抬起头来，大吼一声，
喷吐出胸中太多的苍凉。
抖一抖项上的英雄鬃，
纵身跃下山冈。

快填平腐臭的龙须沟，
快推到低矮的小平房，
快拆掉西四、东四的高牌楼，
快铲平前门两侧的老城墙。
让大道宽又广，
让百姓住楼房，
让西山脚下根根烟囱冒青烟，
让皇城从今织布又炼钢！
让普天下受苦人扬眉吐气，
让革命歌声响彻四野八荒！

那时，还来不及回眸，
想不到保存四合院的优雅，
顾不上半个世纪后的旅游观光。

东方的睡狮醒了，
它威严地迈开脚步，
走上了自己的路……

曲折而又光荣，
艰巨而又漫长……

为《万里长城永不倒》（卢国沾词、黎小田曲）而作

致外婆

姥姥，我想你，
想你那把旧蒲扇。
夏夜，我躺在小凉席上，
你为我轻轻扇。
你唱着《苏武牧羊》的老歌，
送我入眠。

姥姥，我想你，
想你腕上的翡翠链。
冬天，你把它送到寄卖店，
换回一个月的油盐，
你原是大家闺秀，
却安贫无怨。

姥姥，我想你，
想你那双粗糙的手。
病中，我模模糊糊地感到，
你轻拂着我的额头。
你手上的每一条沟壑，

都在我胸中奔走。

姥姥，我想你，
想你的黑裤白褂，
一辈子，你总是干干净净，
像是佛经中譬喻的莲花。
一直到九十岁，
你都坚持自己洗手帕。

姥姥，我想你，
想你生前死后的安详。
那夜，你悄悄走了，
只留下你的宽容与慈祥。
我知道你天天望着我，
就像我天天想你一样。

为《外婆的澎湖湾》（叶佳修词曲）而作

致关牧村

我喜欢你的歌，
你的歌声质朴而浑厚，
就像家乡的海河。

我喜欢你的大家风度，
你从贫寒中走出，

却丝毫也不媚俗。

我喜欢你耐得住寂寞，
你平平常常地独自生活，
守着自己的角落。

为《吐鲁番的葡萄熟了》（瞿琮词、施光南曲）而作

少林寺

达摩面壁整十年，
只留下，
几段公案，
百年参禅，
成佛作祖抵不上，
插曲一唱，
电影一演。
人不分老幼齐踢腿，
地不分南北同打拳。
只可惜，
天下禅宗第一寺，
不入三摩地[①]，
尽教少林拳。

为《少林寺》（王立平词曲）而作

---

① 三摩地，即“三昧”，梵文 Samadhi 的音译，“定”的意思。

今夏，在电视机旁

在那桃花盛开的地方，
今夏洪水汪洋。
在滔天的巨浪中，
中国挺起了胸膛。

全中国眼盯着电视，
十几亿颗心飞到堤上。
战士们用血肉之躯，
搭起层层人墙，
百万人舍生忘死，
保卫着人民、城市和村庄。

在北京，有多少老人的血压，
每天随着长江水升降；
在沈阳，有多少下岗的工人，
咬牙捐出了最后的钱粮；

在上海，有多少天真的孩子，
砸碎了自己心爱的储蓄罐；
在全国各地，有多少热血青年，
抛家舍业奔堤防。

今夏，在电视机旁，

全中国的心在一起跳荡。
洪水撞击着堤坝，
也冲刷着我们的思想。
惊涛拍岸，如钟声浩荡；
快停止对自然的破坏，
抚平大地的创伤。
把祖先“天人合一”的哲学，
重新写上民族的课堂。
自然才会给我们
河清海晏，国泰民康！

为《在那桃花盛开的地方》（邬大为、魏宝贵词，铁源曲）而作

城市酸曲

桃花那个红来梨花那个白，
人面那个桃花今何在？

那天你穿了一条牛仔仔裤，
圆圆的屁股撑破了布。

逛超市买了一双“耐克”鞋，
想你想得眼乜斜。

不是情人不泪流，
想跟你周末去打网球。

昨晚又刮了一阵风，
想你想得脚后跟疼。

为《在那桃花盛开的地方》（邬大为、魏宝贵词，铁源曲）而作

再　见

用了一个月的时间，
写了这一百首“打油”。
又让一百首老歌，
天天迤逦心头。

真不想说“再见”，
但生灭都要随缘。
只好让这些老歌，
送上我吉祥的祝愿！
愿你也像这些老歌，
永远年轻美丽。
愿你今后的生命，
永伴着不朽的旋律！

为《年轻的朋友来相会》（张枚同词、谷建芬曲）而作

（二）

现代诗

啊……海！

一

啊……海！
我站在岸边的岩上，
呆望着你的胸怀。
你似乎怕见生客，
罩着层层的雾霭。
烟云迷迷茫茫
——像面纱将脸儿遮盖；
海气飘飘摇摇
——像白翳将眼儿蒙碍。
我拟登临送目，
辨不清哪儿是山啊哪儿是水；
我欲高瞻远望，
分不出哪儿是天啊哪儿是海！
山隐海藏浓雾里——
但听那：

沉沉海涛啸声近；
只觉得：
徐徐海风扑面来！

海呀，
你似是大海又不像海。
既是海，
你为何不惊涛拍岸涌白雪？
既是海，
你为何不浪翻波腾击澎湃？
既是海，
你为何不咆哮穿空如虎吼？
既是海，
你为何不铺天盖地把阵排？！

既是海呀，
就不该这么羞涩，
像个没出过门儿的乖乖；
既是海呀，
就不该如此腼腆，
不起身将我接待。
地球上五分之四的君主啊，
请听我的自白：

二十年呀二十载，

我深藏着对你的敬与爱。
打从我嗷嗷学母语，
便咿咿呀呀常说“海”。
你神奇的童话多绚烂，
在我洁白如纸的稚心里——
生根、开花、放异彩！
什么“孙猴大闹水晶宫”，
“哪吒顽皮闯东海”，
什么“张羽燃铛娶公主”，
“渔夫和金鱼做买卖”……
——我虽从未到海边，
但知道你平时如此慈母，
怒时逐浪摧山崖！

二十年呀二十载，
我对你的情思满胸怀。
……有多少骚客诗人将你颂，
有多少“先知”“圣哲”将你拜，
有多少歌手引吭高歌为你唱，
有多少画匠施神笔，
为你四时容貌传风采！
……我多少次看着你的画像不忍去，
我多少次读着你的诗章发狂态，
我多少次梦中乘长风——
破浪扬帆游沧海！

二十年的相思哟二十年的爱，
万里山川脚下踩。
风尘仆仆到海边，
我要把二十年积郁的知心话——
倾诉给波涛唱给海！
我今天站在你面前，
袒露胸襟敞开怀。
我伏在礁上吻浪脚，
我将一颗诚心奉上来！

大海哟，
你不必羞羞答答，
也不要懒懒怠怠。
相逢何必曾相识——
我们一见钟情永相爱！
快掀起你的面纱，
把多娇的丽容露出来！
快鼓起海浪奏乐，
把迎宾的序曲唱起来！！

大海哟，
莫学那“懒起画蛾眉”，
更莫愁“素面无粉黛”。
以色事人能几时——
我们赤心如火无嫌猜！

快抛开无用的矜持，
把少女的真情现出来！
快扔掉虚伪的礼仪，
把狂欢的舞蹈跳起来！！！

二

大海啊……
燃起了晨曦！
朝雾啊……
渐渐褪去！
看哪——
一道白金铸成的分界线，
闪亮在苍茫的天际！

“老虎头”的巨嘴，
似乎在吞云噬雾；
大连湾的巨浪，
像要把岩礁摄去。
碧波翠哟，
将一团团的雪花掬起，
海风清哟，
为我把征尘拂洗。
……
阳光灿烂的海面哟，

像晃动着的绿色玻璃。
晶莹透亮的港湾哟，
像翻滚着的翡翠液体。
对着这水晶般的世界，
我敢下这样的断语：
——一旦这地球冷却，
这茫茫的海洋啊，
一定变成一块巨大的碧玉！

太阳出来了！
蒸腾了海上最后的雾气……
大海起身了！
浓妆艳抹多壮丽……
潮头并驾驰骋，
是不是你辇前的龙驹？
狂涛冲撞轰鸣，
是不是你军中的鼓鼙？
碧波茫茫望不断——
啊……啊……啊……
海呀！
这——
就是你?!

我在礁石上跳跃，
和雪白的浪花嬉戏，

浪花扑弄着我的双脚，
回答我无限的情谊。
对着扑来的海浪，
我张开了热情的双臂，
谁知她呀，
却红着脸低头退去……

两只白色的海鸥，
在大海上往来窜袭，
明亮耀眼的阳光，
照透了它薄薄的双翼，
变成了粉红色的翅膀，
划破了蔚蓝的穹宇，
只有那尖尖的翼角，
还留下两点墨迹。
浪峰扑来——
它昂头冲天而起，
浪尾刚落——
它展翅把浪花掠去。

海笑着，
你笑得那么甜蜜！
波浪催着笑纹，
延漫向遥远的天际……
银帆点点啊，

扮缀着你壮阔的胸怀；
长风阵阵啊，
轻捶着你动荡的躯体。

大海啊！
试问这浩浩宇宙
有谁能和你媲比？
那高耸入云的山峰呀，
不过是座座冰冷的尸体！
休提它堆银叠翠呀，
云绕霞帔；
莫夸它万仞摩天呀，
巍峨壮丽。
对着你无限美好的青春啊，
它们像一堆荒坟古冢，
——冷冷凄凄！
而你那炙热丰富的感情哟，
却时时变换着奇迹：
怒时你逐浪排空，
喜时你情荡涟漪，
悲哀时你阴云密布，
狂欢时你呼风唤雨！
温柔时你低语着娓娓情话。
那脉脉含情的眼波哟——
使人沉沉醉迷！

山，是死的。
海，是活的。
这话似乎愚蠢，
但又合乎情理。

不要再提那些江河了，
他（她）们是你的无数儿女。

那纵横全国的长江，
呼啸着狂奔向你；
游子对母亲的思恋，
纵使他一泻千里。

黄河呢?
是长江的小弟弟，
您对他过分的溺爱哟，
养成他蛮野的脾气。

松江美丽，
湘江澄碧，
珠江温柔秀媚，
淮河扬花吐絮……

这一群大大小小的姑娘啊，
都是您待嫁的闺女。

至于那些多瑙河、尼罗河、亚马孙河，
还有什么密西西比……
——不是您的外甥，
便是您的侄女。

“万川归之，不知何时止而不盈，
尾闾泄之，不知何时已而不虚。”[①]
你碧波连天哟，
峰峦高举！
你白浪浩淼哟，
横无涯际！
你广阔的胸怀哟，
容纳下整个天宇！
你，是母亲，
你，又是少女。
这话虽然矛盾，
但我却找不出更好的比喻。

三

啊……海！
我站在岸边的岩上，
凝望着你的胸怀。

① 尾闾，神话中泄海水之大石，宽、高各四万里，海水注此则干，又名“沃燋”，见《庄子·秋水篇》。

你清眸潋滟，
千娇百媚多可爱！
你烟涛微茫，
无边无垠多豪迈！
你掀起了晨雾，
露出了茫茫碧波天连水；
你沐浴着朝阳，
现出了滔滔银浪真体态！
我如醉如痴哟，
向你顶礼，膜拜；
我如灼如焚哟，
为你心潮澎湃！

渺渺茫茫的星空哟，
森罗万象的宇宙，
我纵升天入地求之遍，
又有谁能和你相比?!

浩瀚繁杂的词汇哟，
如花似锦的言语，
我纵搜索枯肠费尽心，
又有哪一个配得上你?!

要为你唱的歌哟，
风云滚滚胸中积，

要对你诉的话哟，
奔腾欲出如雷雨！
长风啊，快来为我抒心臆，
山崖啊，快来为我做盟据。
虽然在你的怀抱里，
我不过是堕入银河的尘沙一粒，
虽然在你的眼睛里，
我甚至像低回袅曳的轻烟一缕……

大海哟，
莫怪我太直率，
且听我忠言一句：

要看人啊，
就看到人的心里；
要相爱呀，
就要爱人中的知己。
莫学它呀——
水面的浮萍墙头的草，
飘摇不专一。
莫学它呀——
岸边的细柳盆中的花，
风来便屈靡。
莫学它呀——
缠人的猫儿巧嘴的鸟，

虚情无真意。
莫学它呀——
阶上的“狮子”门前的“虎”，
狗眼看人低！

大海哟，
莫嫌我太憨愚，
再容我唠叨一句：

既中意呀，
就不要迟疑；
既相恋呀，
那就要恋到底。
你看它呀——
池中的鸳鸯高天的雁，
比翼同栖息。
你看它呀——
并蒂的芙蓉连理的枝，
朝暮不相离。
你看它呀——
北国的青松攀奇峰，
凌霜仍郁郁。
你看它呀——
江南的红豆情无限，
相思总依依……

大海哟，
莫辜负我相思意。
快梳洗哟，
莫耽搁春意盈盈好时机。
你有潮涨潮落，
我有人去人离，
既知己哟，
莫轻弃！
既相逢呦，
应不虚！
不是我夸口哟，
不是我痴迷，
纵使你再大上一万倍——
也容不下我这全部深情的十分之一。
不是我言无凭哟，
不是我语无据，
倘若你接过这颗心啊——
它将永远在你心里！

1969 年 12 月 12 日于大连—天津

附录：

鹏谋惠存：

去岁冬逝之时，余尝离哈赴长，经沈抵大，做三省之行。沿途闻睹，多有所感，诗而记之。俟跨海西渡，已积十有二三焉。其中窃以为咏海者，乃言吾志、抒吾情、传吾声、表吾衷，慷慨高歌，淋漓酣畅之作也。当时是，遨大连湾，游老虎滩，得以观沧海，偿余平生之夙愿。其心潮澎湃，爽然欲歌之情，荡于胸而溢于喉也！于是遂成诗，未终。至津，闻变，乃续之。其假言于海实讽之以人者，言余绝俗情而寄意于天地风月之间也！

昔杜工部诗云："百年歌自苦，不见有知音。"其声甚悲矣！今吾等如芥之人，以鄙陋浅薄之句，"下里巴人"之章，尚千里传阅于三两知己之间，可谓幸矣！

唐元、白赠答之诗，尝互嘱其"勿使不知吾者知之，亦勿使知吾者不知之"。其言当效也。

学诗堪称苦，却喜有知音。举目天边望，何日能见君？

田青　1969年12月于松江之畔

附识：此诗写于1969年，其时我在黑龙江省哈尔滨市郊区向阳公社黄河大队"插队落户"，曾用当时"知识青年"惯用的"无票乘车"方式回天津探家（因无钱买票），途中被乘务员撵下车后便顺便"旅游"，在大连第一次看到海。鹏谋是我高中同学，诗友，其时在内蒙古"插队落户"，此诗当时寄给他并由他保存至今。悠悠近半个世纪，今日再读，不免失笑，完全一派"为赋新诗强说愁"的小儿语。然鲁迅先生似乎曾说过类似不必为自己儿时穿开裆裤的照片羞愧的话，故"立此存照"。

（三）
古体诗

无　题

百岁年华转瞬间，
前尘几许似云烟。
英雄岂顾身后路，
天心策马奔月圆。

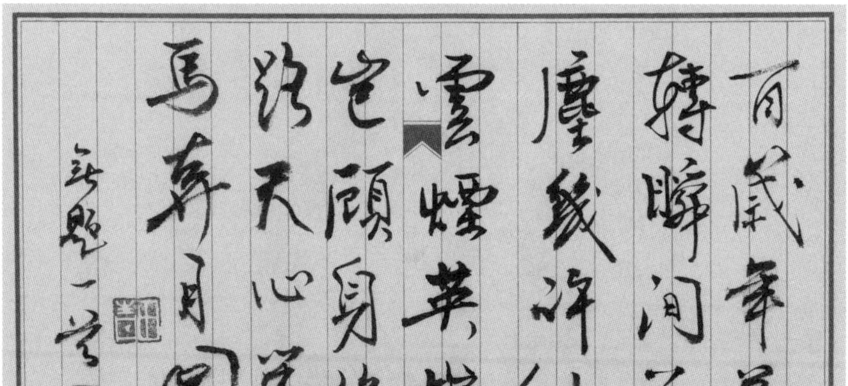

题画诗　达摩

面壁十年已成岩，
廓然无圣岂有禅？
哪个来寻安心事，
自问自心莫问咱。

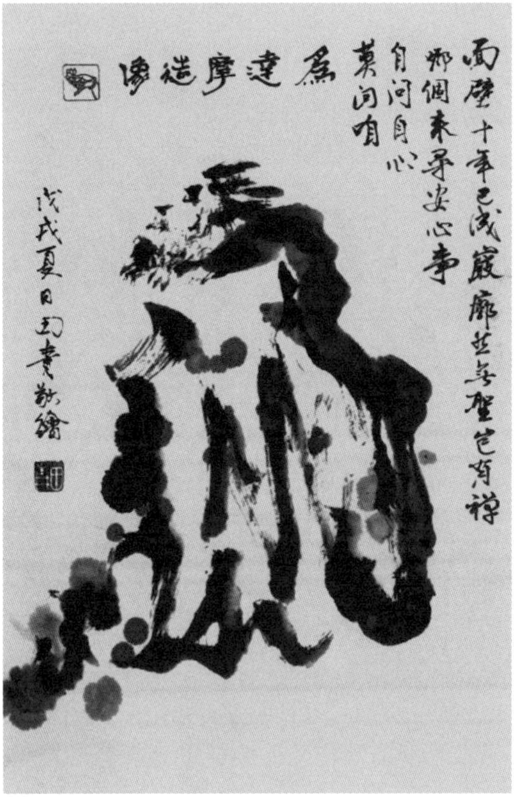

题《辽宁千山佛乐曲集》

一曲江河水，
曾动万人心。
本为慈悲意，
岂是阶级嗔。
松作梵音偈，
山似佛陀身。[1]
悠悠千百载，
光辉耀古今。

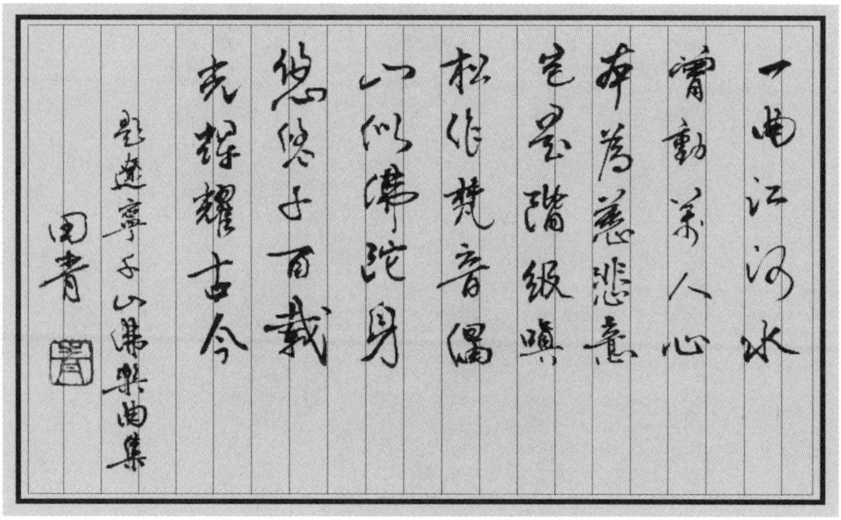

① 千山群峰中有一山峰酷似一尊坐佛，故有此言。

题画诗　游鱼

非鱼非我亦非神，
应知游鱼乐是真。
众生平等心无异，
自由便是快活身。

题画诗　难得明白

板桥四个字[①]，
已然臭了街。
不管什么人，
都往墙上贴。
我本就糊涂，
糊涂有何难？
难得一明白，
哈哈乐翻天！

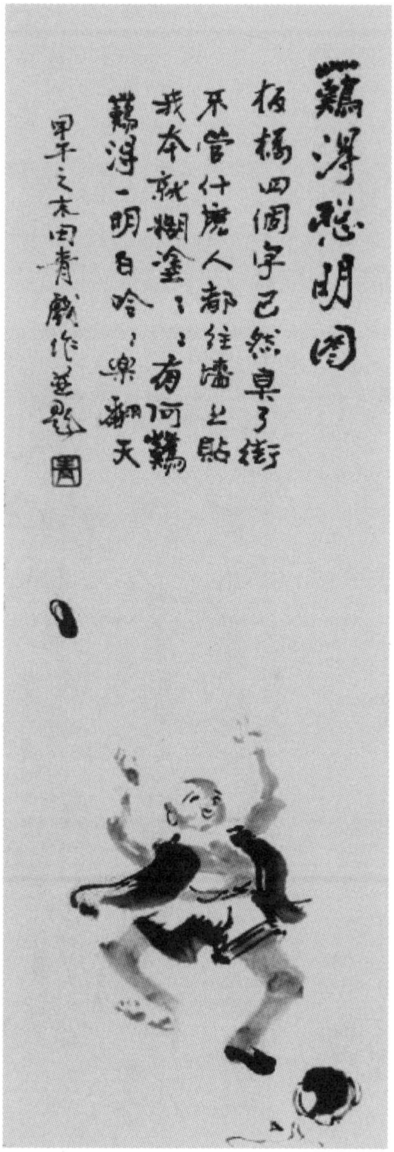

---

① “难得糊涂”。

赠安徽蚌埠“花鼓灯第一村”

花鼓灯传第一村，
瓜瓞绵绵惠子孙。
敢塑农夫如神像，
天地之间民为尊。

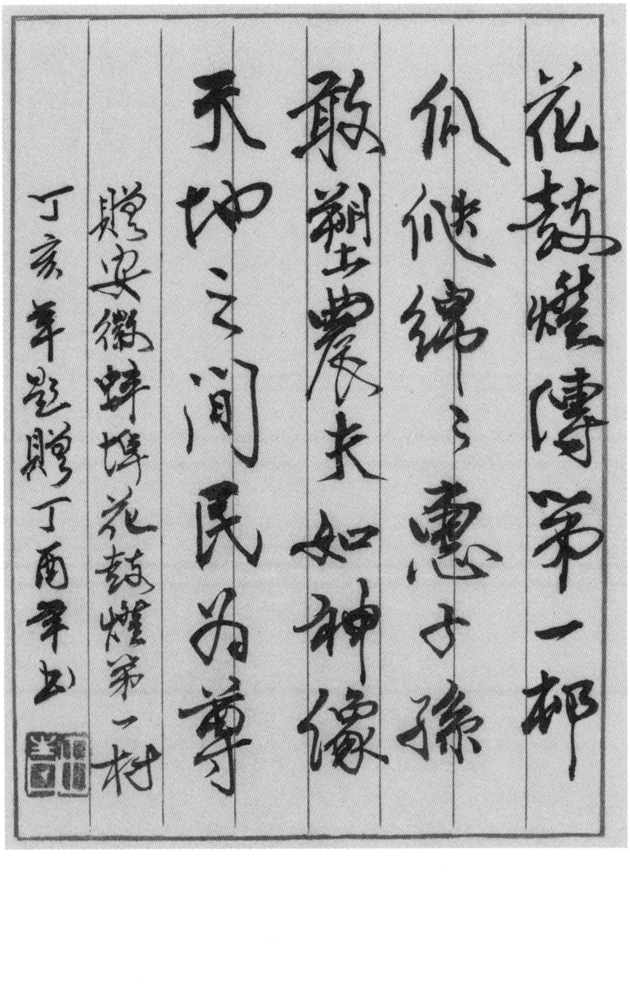

赠蚌埠花鼓灯博物馆

莫笑汉人懒动容，
桃花潭映踏歌声。
霓裳雅逝民风在，
万众争看花鼓灯。

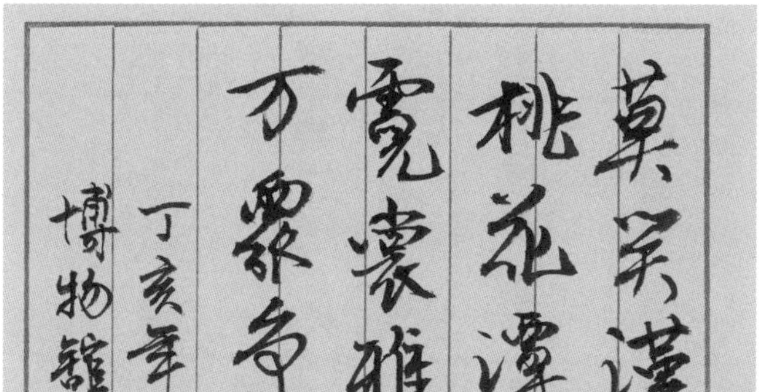

赠茶农之一[①] 铁观音

酒宜狂歌茶宜琴，
涤尘荡翳现初心。
恒河沙数佛千万，
唯君可称铁观音。

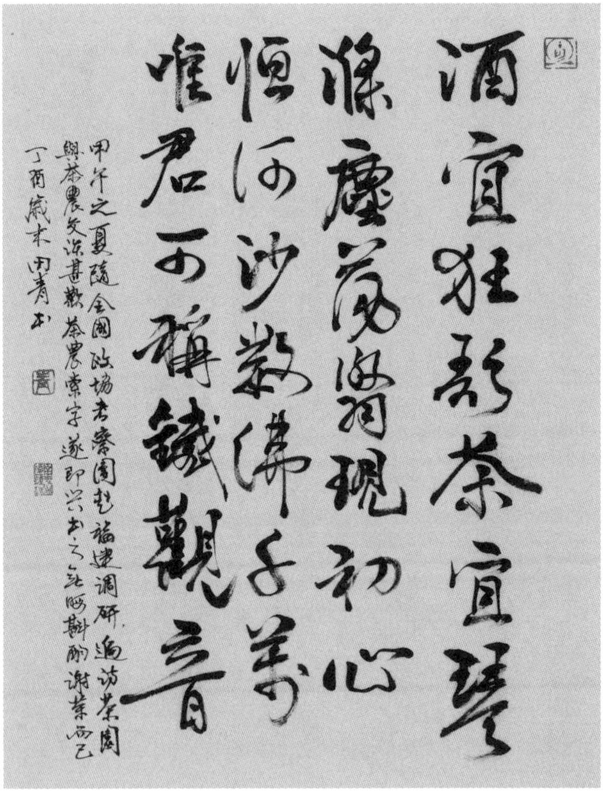

① 甲午之夏，随全国政协考察团赴福建调研，遍访茶园，与茶农交谈甚欢，茶农索字，遂即兴书之，无暇斟酌，谢茶而已。

赠茶农之二　茶禅一味

七宝如来杯中坐，
八功德水齿间留。
始信茶禅原一味，
心地澄明复何求。

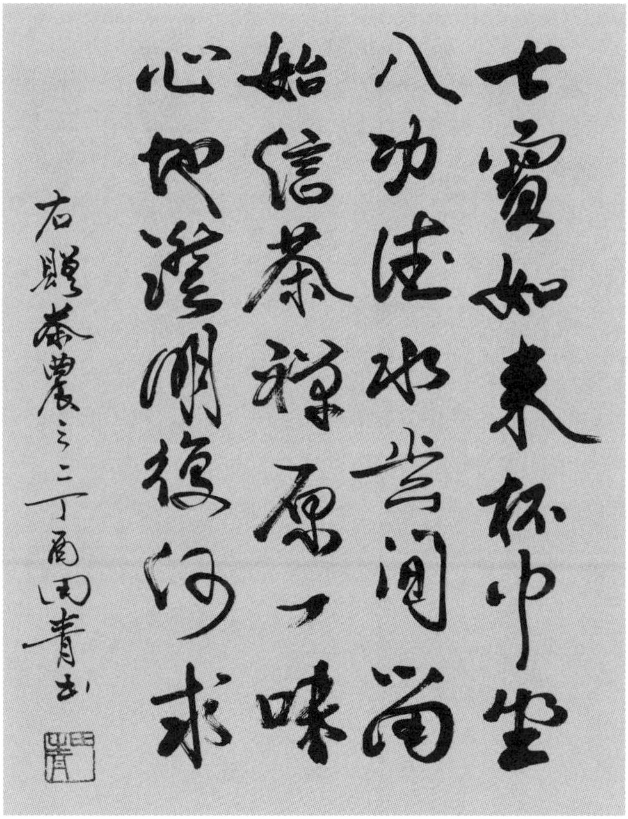

赠茶农之三　正山堂

壶底乾坤大，
杯中日月长。
谁解茶三昧，
唯有正山堂。

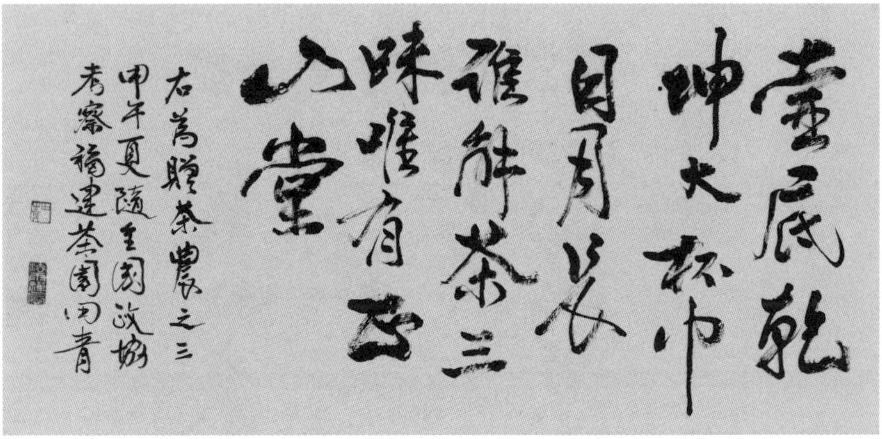

赠茶农之四　大红袍

人生漫漫路迢迢，
几多风雨几多潮。
劝君忘却尘间事，
饮我武夷大红袍。

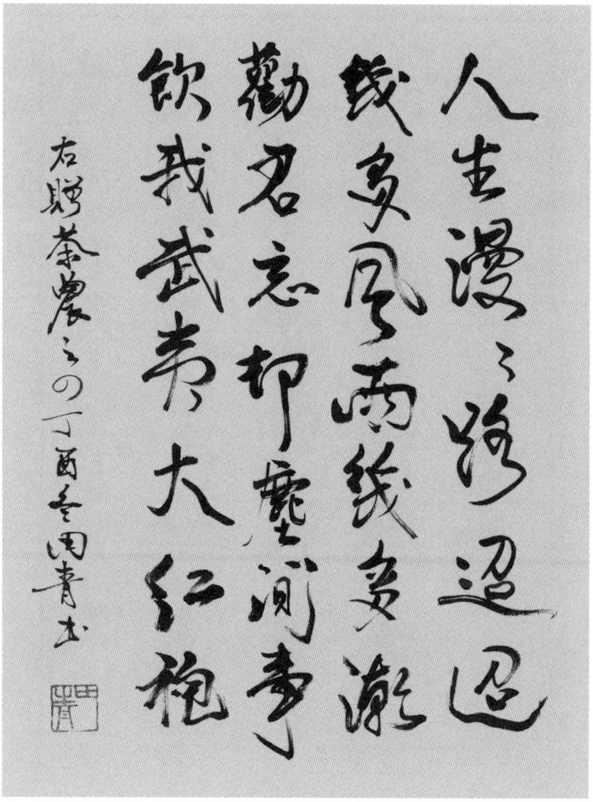

赠改鱼[①]

古调新声俱可听，
民歌质朴更真情。
凭君一唱传天下，
桃红杏白杨柳青。

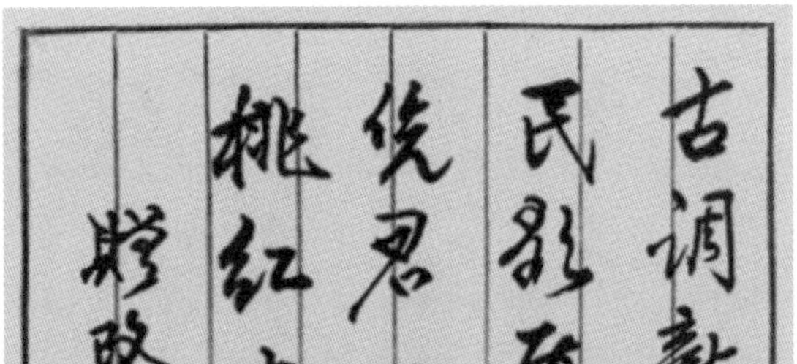

① 刘改鱼，山西著名民歌手，《桃花红杏花白》《一铺滩滩杨柳树》的最早演唱者。

悼王昆大姐

长吟白毛女[①]，
高歌赤卫军[②]。
翻身变人鬼，
挥手掌乾坤。
坦荡捍旧梦，
殷勤助新人。
北风吹落星如雨，
雪花飘尽泪沾襟。

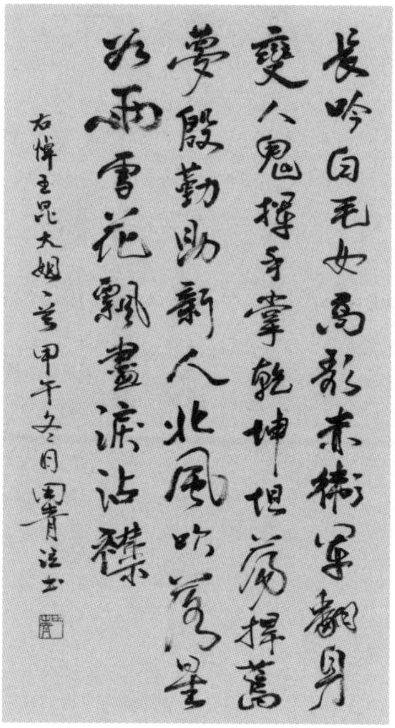

---

① 王昆为民族歌剧《白毛女》中“白毛女”的首演者。

② 王昆曾在《东方红》大歌舞中唱《农友歌》，有“粗黑的手掌大印”句。

悼冯其庸先生

文承千载诗书画，
足行万里海天沙。
红楼绮梦原瓜饭[1]，
农家自古出大家。

丙申腊月廿六，赴冯其庸老灵堂祭拜
归来书此寄哀　田青泣写

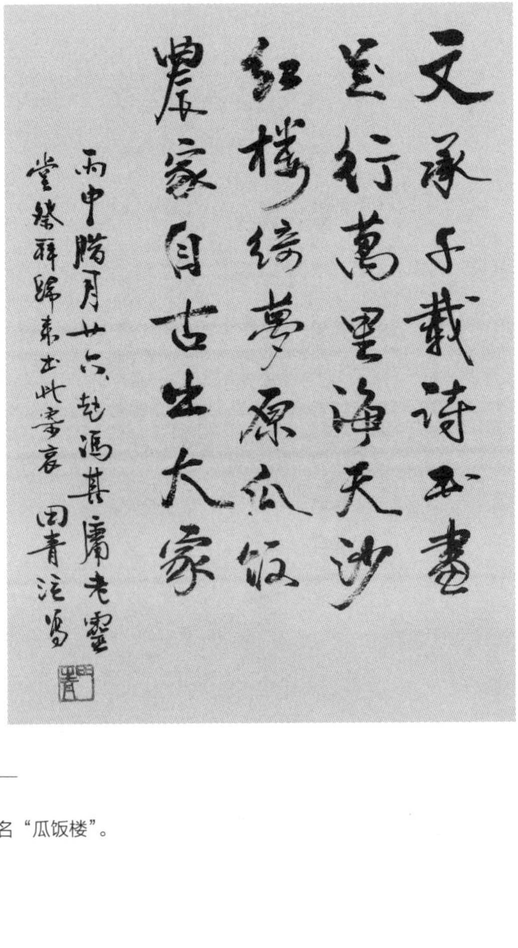

① 冯其庸先生书房名“瓜饭楼”。

赠成公亮

琴人无求即成功，
却得佳名遍环中。
曾播真言惊世界，
又谱佛曲度众生。
悠悠一线随鸢逝[1]，
泠泠七弦任心空。
闻君有恙身同受，
唯愿我佛佑家兄。

昨日思君，夜不能寐，得诗一首，今晨方寄。未料午后十八时得建欣电，言兄已逝！呜呼！昨夜思君不寐，岂兄与我告别乎？原诗前有“闻君有恙，夜不能寐，寄远为祷”句，思之涕下。

乙未五月二十三日田青泣书

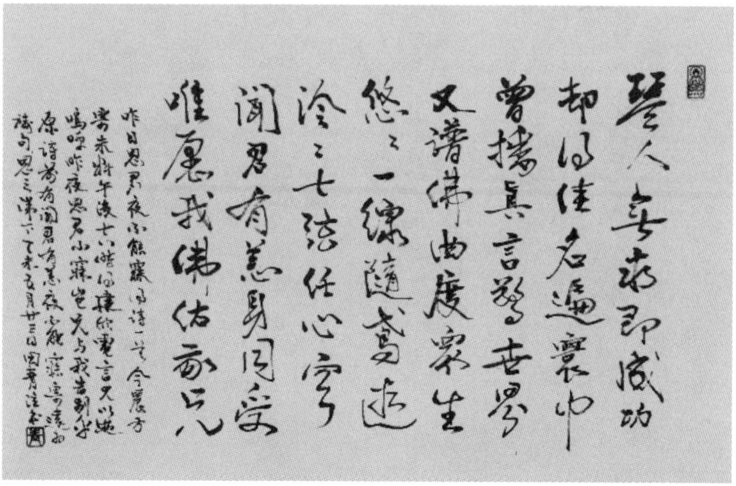

① 成公亮晚年为治疗颈椎病，曾每天放风筝。

赠王立平

无歌便无太阳岛，
有曲方扬少林名。
千载红楼家家唱，
百年难得王立平。

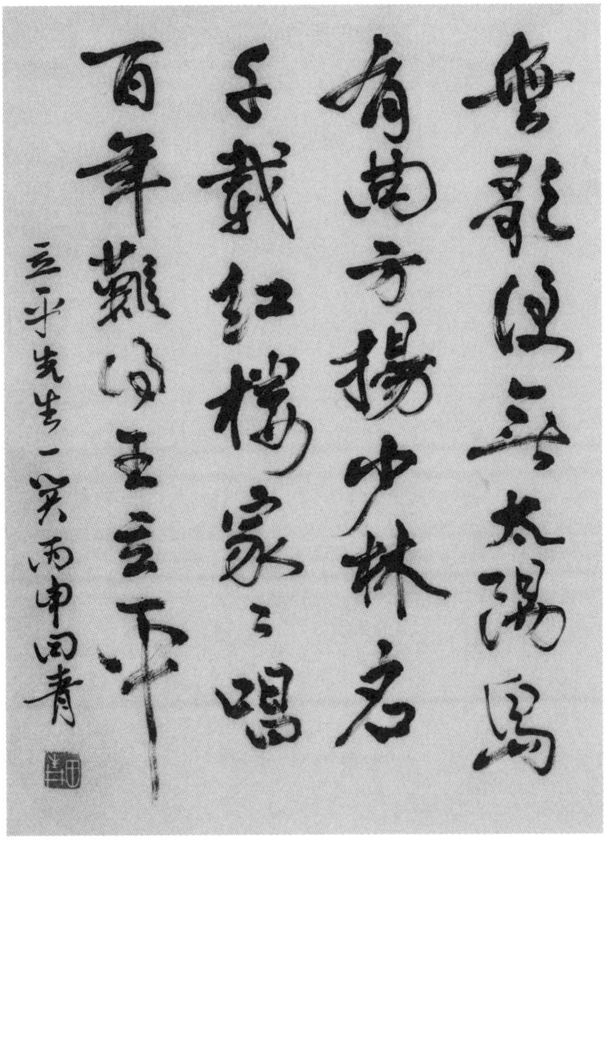

赠诗友

何必苦思争句新，
骚人千古枉沉吟。
三吏三别黎民叹，
哀秦哀楚烈士嗔。
诗传至今因《风》在，
史留丰碑岂《颂》文。
却喜忠魂今犹故，
碧海青天夜夜心。

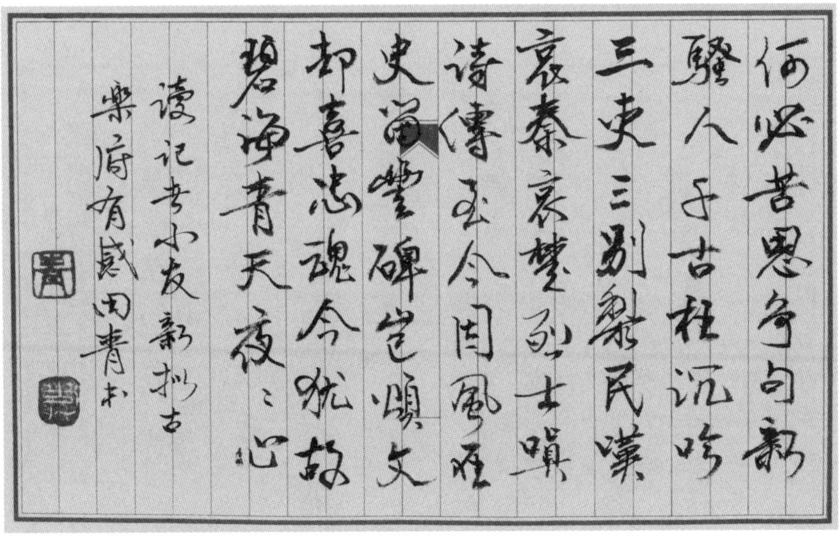

步詹兄福瑞韵

人生初来未穿衣，
冷暖荣辱皆相宜。
羞在尊前扮走狗，
耻于神后效斗鸡。
未得病时且饮酒，
偶有诗情好弄奇。
何当绿蚁红炉日，
小酌悠悠话六籍。

附：詹福瑞诗

脱却章服换布衣，
桑榆告老正相宜。
京南春甸应遛狗，
城北秋郊好斗鸡。
冷暖人生多进酒，
是非文苑少弄奇。
只今老叟逍遥日，
勤向窗前拜六籍。

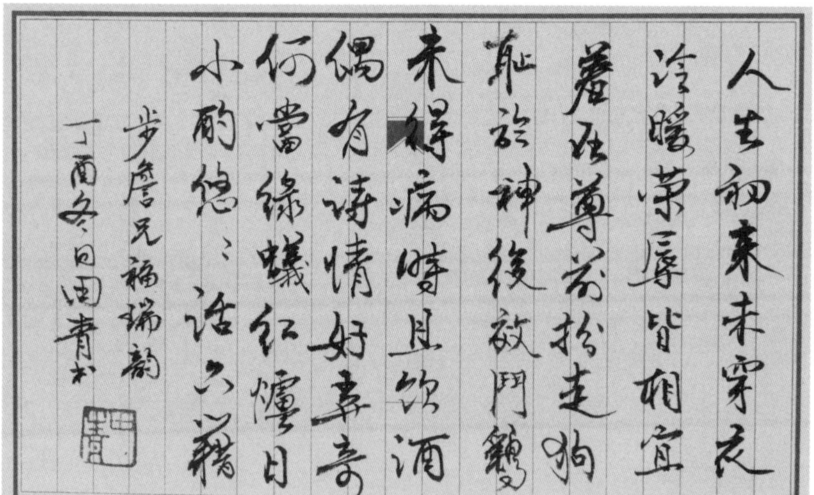

无　题

白云苍狗又十年，
往事如烟亦如磐。
忠肠热血青衿祭，
励胆黥额壮士禅。
曾因学佛轻生死，
唯恐魂断重承传。
清夜扪心多自问，
只愧美人不愧天。

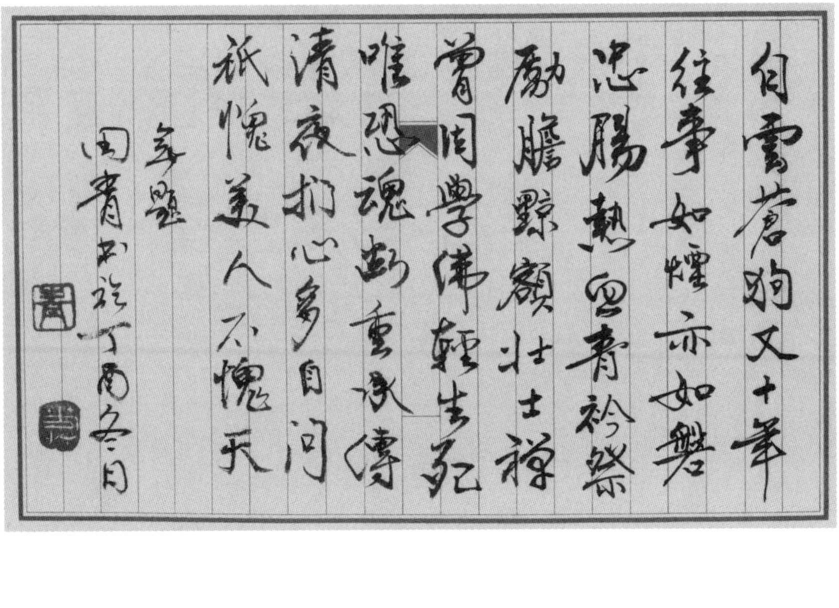

有所悟

黄花即般若，
翠竹亦法身。
三世成佛者，
是尔父母亲。

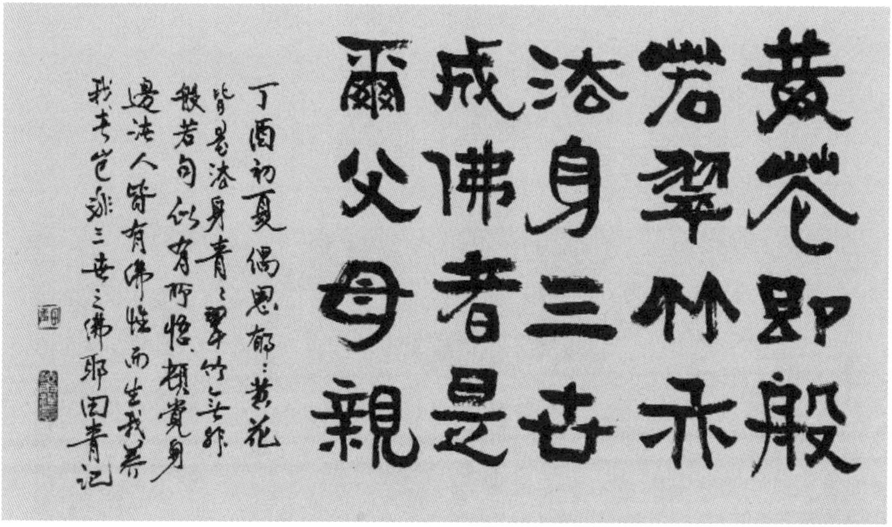

赞泉州南音

泉州涌乐泉，
泠然有古风。
长河几万里，
中原第一声。

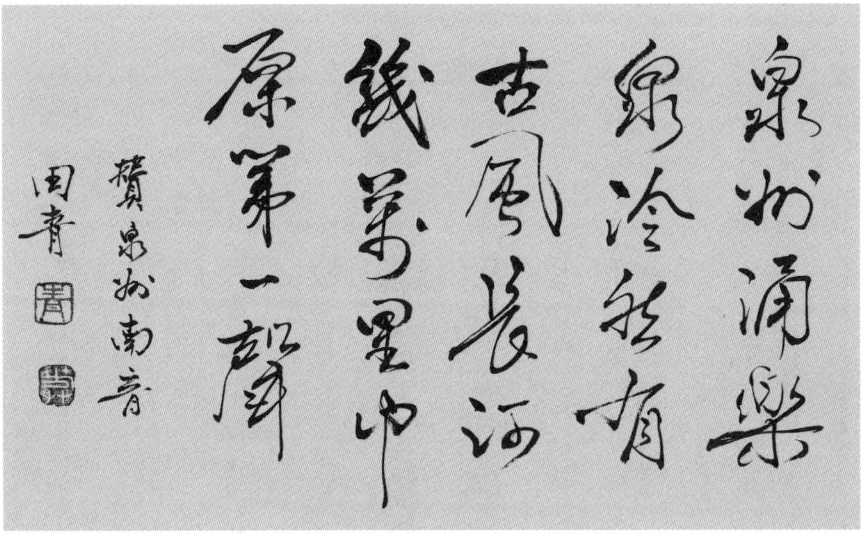

赠山西左权盲宣队

太行嵯峨路蜿蜒，
扶杖牵裳走山间。
青冥无眼生瞽目，
红尘有意化奇缘。
凄凄二胡哭云水，
切切三弦动风烟。
千载师旷今何在，
向天而歌又十年。

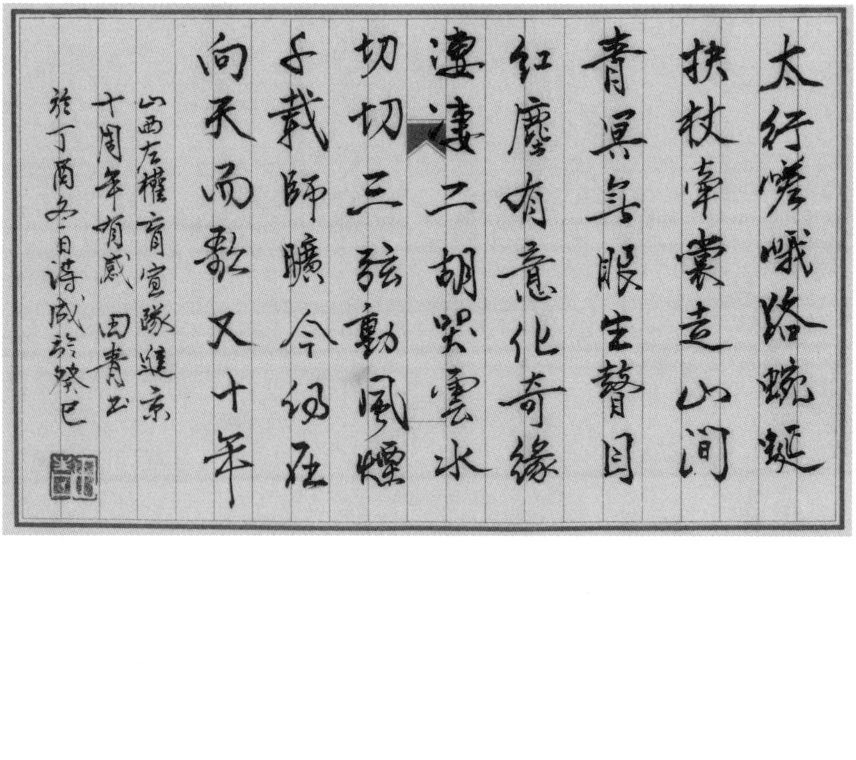

净心莲贯霖法师正

净土何处觅，
心中自有佛。
莲花不着水，
贯日耿星河。
霖沛山峦翠，
法盛福乐多。
师虽采药去，
正道在弥陀。

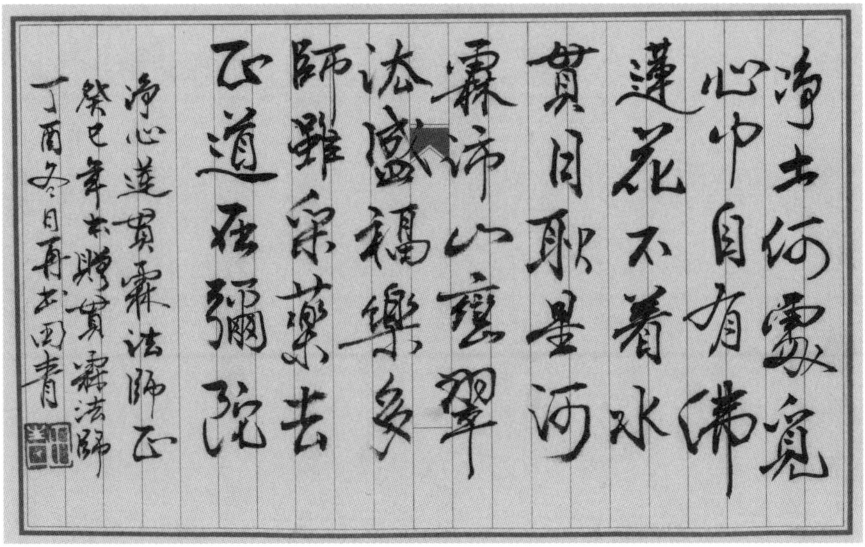

丁酉岁末有感

人生何必苦经营，
孔明不成成渊明。
有幸报国甘舍命，
无缘为公且养生。
仗剑把酒英雄气，
赏菊弹琴魏晋风。
更有禅心如朗月，
照我晶莹剔透胸。

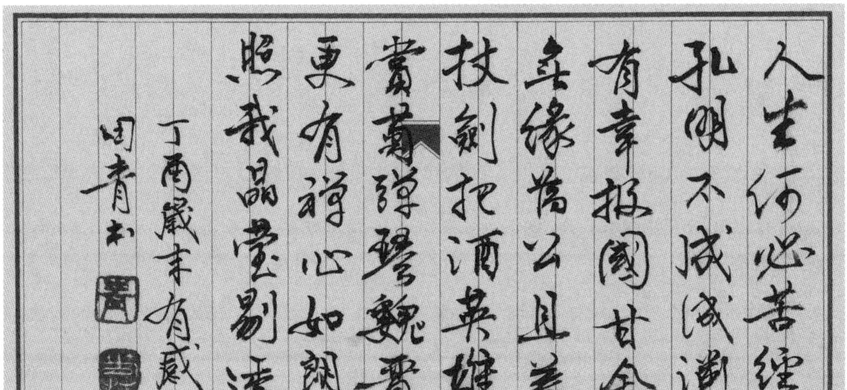

题《佛心学侠》[1]

人生如梦亦如尘，
雪泥鸿爪误留痕。
仿佛初照哈哈镜，
笑问这厮是何人？

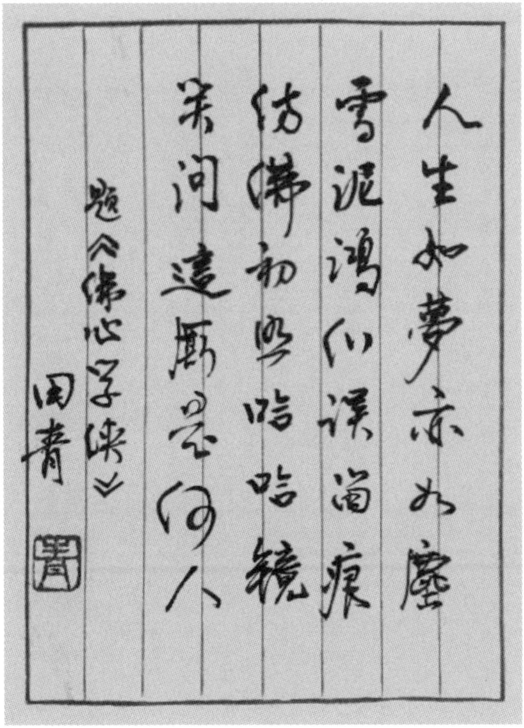

① 刘红庆：《佛心学侠：田青和他所可以改变的》，北京十月文艺出版社 2007 年版。

赠茗山法师

皑皑定慧寺，
悠悠海云堂。
千载鱼山呗，
一时尽绕梁。
茗清香益远，
山高水自长。
若问来生愿，
仍侍法师旁。

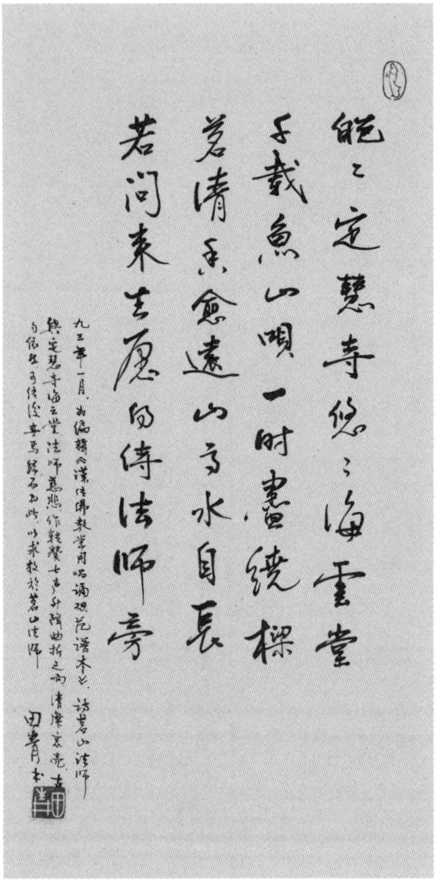

原注：九三年一月，为编辑《汉传佛教常用唱诵规范谱集》，访茗山法师与（于）定慧寺海云堂，法师慈悲，作转赞七声升降曲折之响，清靡哀亮，古句依然，可传后世焉。归而书此，以求教于茗山法师。

今注：2018年8月25日，我策划、组织的“中国目连戏展演”在北京恭王府大戏楼举行，其间偶遇裱画师王振军，言于某收藏家处见一幅署名田青之书，遂展其微信示我。此诗为我25年前旧作，已全然忘矣。见之如失散多年之至亲重逢，不胜欣喜。其时文集即将付梓，遂增补其后，亦为幸事也。

三、歌　词

声乐套曲：苏武牧羊 *

一、序歌：一个古老的故事

春草年年绿，绿了千年；
牧歌年年唱，唱遍草原。
有一支歌，也唱了千年，
奶奶唱给爸爸，爸爸唱给我，
我唱在心间：

“苏武留胡节不辱，
雪地又冰天，
苦忍十九年。
渴饮雪，饥吞毡，
牧羊北海边。
心存汉社稷，
旄落犹未还。
历尽难中难，
心如铁石坚。

---

* 本曲由黄荟作曲，李娜演唱。

夜坐塞上时闻笳声入耳恸心酸。”

秦时的明月，依然明艳；
汉时的雄关，已经不见。
多少英雄的业绩，已被风吹散，
一个牧羊人的歌声，永留人间：

“苏武留胡节不辱，
转眼北风吹，
雁群雁关飞。
白发娘，望儿归，
红妆守空帏。
夜半同入梦，
两地谁梦谁。
任海枯石烂，
大节总不亏。
定叫匈奴惊心动魄拱服汉德威。”

秦时的明月，依然明艳；
汉时的雄关，已经不见。
有一支歌，唱了千年，
有一支歌，唱遍草原。
有一支歌，永留人间，
有一支歌，我唱在心间。

二、骁歌：出塞

出雁门，越雄关，
别父老，辞长安。
驱骏马，跨雕鞍，
为家国，求平安。

男儿今出塞，
背后长河落日，
跟前大漠孤烟。

男儿今出塞，
手持一根节杖，
胸怀万里江山。

三、牧歌：贝加尔湖的冬天

白茫茫的雪原，黑沉沉的天，
黄澄澄的太阳，裹在云里边。

静悄悄的湖面，空荡荡的荒原，
孤伶伶的牧羊人，伫立在天地间。

凄沥沥的寒风里，黑漆漆的长夜难眠。
冰冷冷的长夜里，梦境绿莹莹。

梦中的花儿红彤彤，
梦中的草儿水灵灵，
梦中的星星亮晶晶，
梦中的太阳暖融融。

梦中的田野翠青青，
梦中的村庄雨蒙蒙，
梦中的炊烟香袅袅，
梦中的小河水清清。

莽苍苍的乌拉尔山，
冰冷冷的贝加尔湖畔，
白皑皑的湖畔，
牧歌声悠悠。

四、琴歌：望月观花

怕见明月，
尤其怕见月圆。
月圆了不好，
月圆了让人心颤。

怕见鲜花，
尤其怕见花艳。
花艳了不好，

花艳了让人心酸。

不是不爱明月，
是因为——
月照故乡人，
是因为——
月圆了，人未圆。

不是不爱鲜花，
是因为——
鲜花如人面，
是因为——
人面桃花今不见。

怕见明月，
头上的月正圆。
怕见鲜花，
手中的花正艳。

五、春歌：牧羊姑娘

在茫茫的草原上，
一群羊遇到另一群羊，
在浩荡的春风里，
牧羊人遇到了牧羊姑娘。

春风吹散了她的长发，
春风吹红了她的脸膛，
春风吹开了她的衣裳，
春风吹亮了她的目光。

让人昏眩的是太阳，
让人痴迷的是目光，
让人软弱的是春风，
让人踟蹰的是故乡。

春风吹软了他的脚步，
春风吹落了他的节杖，
春风吹黑了他的头发，
春风吹乱了他的心房。

在茫茫的草原上，
一群羊遇到另一群羊，
在浩荡的春风里，
牧羊人遇到了牧羊姑娘。

六、酒歌：还乡

留胡十九载，
今天归来！

千里的雷声万里的闪，
北海边上的牧人往家赶。

登上了长城往南看，
眼含着泪水望长安。

长安不见十九年，
十九年的苦难对谁言？

大青骡子你快快走，
十九年的苦难熬出了头。

黄河万里归大海，
一头扑在母亲怀！

七、尾歌：梦里草原

当苦难已经过去，
当昨天已成记忆，
当喧腾的鼓乐渐渐平息，
那幽幽的胡笳，却又在梦里响起。

当青春已经逝去。
当白发已经凄迷，
当重逢的发妻偎依在怀里，
那草原上的情歌，却又在梦里荡起。

清凉赞 *

炎炎夏日，
酷暑难当，
在滚滚热浪中，
只有你，
一片清凉。

五台山，清凉山，
苍松翠柏，
层峦叠嶂。
古寺越千年，
白塔耀佛光。
山清凉，
水清凉，
清凉世界，
本自清凉。

大千世界，

* 本曲由王月明作曲，关牧村演唱。

熙熙攘攘，
滚滚红尘中，
只有你，
一片清凉。

五台山，清凉山
文殊道场，
极乐家乡。
狮吼惊宿梦，
大智照迷茫。
人清凉，
心清凉，
清凉胜境，
万古流芳。

文殊菩萨颂 *

万籁松涛，
一声狮吼，
你从九天而来。

宝髻映月，
端容丽日，
你乘风降临五台。

金狮怒目，
听群山顷刻寂静，
宝剑出鞘，
看寒光尽扫阴霾。

大智镜圆，
贪嗔痴三毒俱灭，
佛光普照，
天地人同归性海。

---

* 本曲由楚兴元作曲，关牧村演唱。

观音菩萨在哪里 *

站在江南碧绿的草地，
我问初生的嫩柳，
大慈大悲的观音菩萨，
你在哪里？

春风吹皱春水，
春水轻漾涟漪，
我听见春水低语：
观音菩萨在南海，
在那无边的碧波里。

站在塞北苍茫的戈壁，
我问耀眼的金沙，
大慈大悲的观音菩萨，
你在哪里？

大漠掀起大风，

---

* 本曲由翁持更作曲，舟山合唱团演唱。

大风吹散云翳，
我听见大风高歌：
观音菩萨在普陀，
在那巍巍的青山里。

站在喜马拉雅山顶，
我问蓝天与大地，
大慈大悲的观音菩萨，
你在哪里？

蓝天滚过惊雷，
惊雷滚过大地，
我听见雷声响彻天宇：
观音菩萨在海天佛国，
在那辉煌的紫金宫里。

渡过南海的粼粼波涛，
攀登普陀的层层天梯，
这里每一朵彩云，
都是菩萨的衣裾；
这里每一朵莲花，
都是菩萨的足迹。
在这里，
我听见海潮阵阵，
微风习习，

大慈大悲的观世音菩萨说：

我在你心里，

我在你心里，

我在你心里……

非遗保护之歌

牡丹亭，
装点着黛瓦粉墙；
七弦琴，
渲染着云水潇湘。

长调与呼麦，
追逐着草原上的骏马；
木卡姆与南音，
传颂着丝路上的荣光。

让爷爷口中的信天游，
像黄河之水永远流淌；
让奶奶手中的五彩线，
绣出今天的万里春光。

保护文化遗产，
守望精神家乡。
记住昨天，
为了明天的辉煌。

舌尖上，
记忆着妈妈的慈祥；
心坎里，
镌刻着老家的西皮二黄。

年画与龙灯，
燃烧着节日的欢乐；
榫卯与藻井，
庄严着神州的广厦华堂。

让一本本古老的家谱，
续写家族民族的兴旺；
让亿万人勤劳的双手，
实现千百年祖先的梦想。

保护文化遗产，
守望精神家乡。
记住昨天，
为了明天的辉煌。

四、文学策划案及专题片脚本

2008 年北京奥运会开幕式文学策划案

总体创意

雅典奥运会开幕式的主题是“生命”，紧接着“生命”产生的是“文明”的产生。而“文明”是“生命”之外另一个超越民族、国家、人种的属于全人类的主题。抓住文明的产生与发展这一线索，突出表现“同一个世界”的文明史，表现人与自然的关系史，最后再紧扣“和谐”与“和平”的愿望。

在展现人类文明进程的过程中，做到用中国的叙事风格和独特色彩来讲述全人类的故事，而不是仅仅展现中国 5000 年的文明史。仅仅把 5000 年历史加上 56 个民族是“全运会”，而不是奥运会。换句话说，“中国风格”应体现在形式上，而内容一定要是世界的。“时代风貌”则只有在与历史的对比中才能产生。

用中国最朴实、最民间的艺术形式来体现最高深玄妙的中国哲学和中国美学——儒、释、道的思想与境界，是我们的基本创意。我们深知，中国能够真正打动世界的，只有这两者。当然，如果还有的话，就是我们——新一代的中国人——对“和谐”与“和平”的真挚愿望。

全部演出分为四章：

沧海桑田

文明之光

天人合一

和平礼赞

文学台本

沧海桑田

当运动员退场的时候，若干安置在运动场四周和地下的干冰机开始迅速施放干冰（烟雾）。整个运动场的底部，迅速变成了一个波涛翻滚的云海。

暗场。在黑暗中，传来一个苍凉的声音。

一个老者，在聚光灯的光圈里发出他对天地的追问：

谁晓得，
天下黄河几十几道弯？
几十几道弯上，
几十几条船？
几十几条船上，
几十几个艄公，
来把那船来扳？

这是一首产生在黄土高原、流传甚久的原生态民歌，歌声在高亢中有一种亘古以来便挥之难去的悲凉，这是人类面对浩瀚宇宙时“前不见古人，后不见来者”时自然升腾的深切感受。

激光器、投影仪和数十只电脑灯在干冰造成的云海上翻滚旋转，造出一幅宇宙洪荒、天地混沌、云蒸霞蔚的景象。

整个运动场的底部像一锅巨大的、沸腾的“粥”，五颜六色的光云在“锅”中旋转、纠缠、翻卷。渐渐地，光怪陆离的色彩在旋转中沉淀为黑白两色，最终，形成一个巨大的、缓缓旋转的阴阳鱼的图形。

“一阴一阳谓之道”，“道生一，一生二，二生三，三生万物”，这是中国古代道家对世界的基本理解，也是一个最基本的“宇宙”模型——无数按照自己的轨道不停旋转、运动的星海。

五条巨大的绸带由数百个青年牵着从五个方向流向运动场中央，青、红、黑、白、黄五色，是中国古代“五行”观念的色彩解释。

青年旋转的队形渐渐驱散了云雾，色彩鲜明夺目的五色绸带组成的祥云图案代替了混沌的世界。

一部表现五彩云霞的新编乐舞《云门》开始了。《云门》相传是黄帝所创，是中华民族有历史记载的第一部乐舞。一直到今天，天安门前的华表，还在彰显这个古老的图腾。

在舞蹈的高潮处，一个清越透明的女高音引领着一个气势磅礴的合唱队，唱出了一首古老的歌谣《卿云歌》。在中国诗歌史上，再也没有一首其他的诗歌比这 16 个汉字所蕴含的气象更博大、壮丽、深刻：

卿云烂兮，糺缦缦兮，日月光华，旦复旦兮。

这是中华民族对世界的第一声宏亮的问候，是黄河、长江的滚滚涛声，是一个古老民族生生不息的伟大象征。

大屏幕上，江河湖海、高山大川与田舍园林交替出现，构造出大自然与人类社会的万千景象。

在大自然的怀抱里，人类生息繁衍。但是，沧海桑田，大自然的兴衰更迭、万千轮回，和人世间一样变幻莫测。

舞蹈《沧海桑田》

数千名演员与投影机和激光器共同描绘出一幅幅奇异的景象：一会儿是波涛翻滚的大海，一会儿是绵延起伏的山岭，一会儿是麦田，一会儿是沙漠……

面对大自然的伟力，人类在探索、祈求、哀吟、祷告，试图用虔敬之心与肃穆的礼仪感天动地，与神灵沟通。

上千个半裸的汉子跳起了《舞雩》——从殷商时代就已产生的、中国最古老的求雨舞。

各式各样的幡幢随着求雨的队伍在场内行进。

八百个来自雪域高原的藏族喇嘛头戴格鲁派黄帽、身披紫色羊毛袈裟缓缓走进场中，一百个每个长 3 米的筒钦（长筒法号）、一百个雪白的海螺、一百个刚洞（短法号）、一百个唢呐齐奏，声震天地。

来自黄土高原的“西安鼓乐”奏响了。在笙、管、笛与锣鼓的乐声中，数百农民用苍凉悲壮的声音唱起了在中国流传了数百年的“工尺谱”，这是一首关中地区的求雨歌——《柳生芽》。2004 年，在一个百名农民进京演奏唐宋古乐的演出中，就是这群农民的这支古谣，使观众潸然泪下。

忽然，一道闪电划亮夜空。接着，是阵阵雷鸣。

下雨了。

在满场闪亮的“雨丝”中，人们尽情欢呼。

大屏幕上，大地一片葱绿。一朵一朵鲜花缓缓绽放。庄稼，成熟的庄稼，在风中摇曳。

当人群退场时，童声合唱的声音也渐渐远去：

我晓得，
天下黄河九十九道弯。

九十九道弯上，

九十九条船。

九十九条船上，

九十九个艄公，

来把那船来扳！

文明之光

暗场。

运动场中央，只有一点火苗在跳动。

渐渐地，火苗逐渐扩大，一圈一圈地向外扩散，越来越多的火炬出现了，形成一片巨大的火炬的海洋，象征着人类的文明之光。毕竟，文明是一个过程，而只有文明才是人类与其他动物的界限，才是我们这个星球的骄傲。

慢慢地，火炬的潮流向四面八方流去，逐渐消失，只留下一堆篝火，在运动场一侧的舞台上。

几个披着兽皮的“北京人”在篝火旁嬉戏。

一个男人手持一张弓，似乎在回忆狩猎的过程，喜悦中，他弹响了弓弦：“咚……”

不要小瞧这个“北京人”的轻轻一拨，这声纯粹为了自娱的拨弦，已肇启了音乐之门。

“咚……”在运动场另一侧一个与之对应的舞台上，传来了一声呼应。身穿礼服的世界著名大提琴家马友友在聚光灯下拨弄着琴弦。

兽皮与晚礼服、简陋的弓箭与华贵的大提琴、中国文化与西方文化、历史与现实、远古与未来，在这你呼我应的拨弦声相遇、融合。

马友友的大提琴独奏：《文明之光》

在大提琴温暖的音色里，天幕上出现了各种乐器的投影：7000年前出土的骨笛、陶、箜篌、筚篥、琵琶、小提琴、黑管、小号、圆号、管风琴、非洲鼓、编钟、编磬。

当一幅曾侯乙编钟的照片出现在巨大的水幕上时，马友友的琴声由沉思转入了激昂。

曾侯乙编钟，被称为人类音乐史上的奇迹。这一整套产生在公元前5世纪的精妙绝伦的乐器群，每钟双音，音域达四个半八度，中间一个八度十二个半音齐全，能演奏现代复杂的交响乐曲。

在水幕落下的地方，一个真实的编钟乐队出现了。演奏的女子，裙裾飘摇，发如云，把演奏与舞蹈自然地结合在一起。

马友友与编钟乐队的协奏。

高潮过去，运动场复归宁静。天幕上垂下数十根粗大的绳索，每根绳索上，有若干演员用身体作成的“绳结”，高低错落，参差有致。

《结绳纪事舞》

篝火旁，“北京人”面对长长的绳索与令人眼花缭乱的复杂绳结兴叹，忽然，一个男人拿起手中的石刀在一块兽骨上划了一道。

天上，一颗彗星拖着长长的尾巴从运动场的一端飞向另一端。

文字诞生了！

在中国古代的传说中，当仓颉造字时，“天雨粟，鬼夜哭”。这反映了人类对文字——人类认知世界、将天地万物纳入人类符号系统的伟大发明的尊崇之情。

一辆辆装载着人类不同时期文字的彩车被装扮成人类不同时期、不同民族的演员拉入场内。刻着甲骨文的巨大龟片、铸着金文的青铜巨鼎、写着梵文的贝叶、刻着腓尼基象形文字的方尖碑、印着古希腊拼音文字的陶片、写着古罗马拉丁文字的羊皮纸书、汉代的竹简、马王堆的帛书、巨大的岩画、藏文的转经筒、人类最早的印刷品——唐代刻印的《金刚经》、巴利文、西夏文、韩文、日本假名、现代拉丁文字。

每个彩车上和前后左右都有与这个文字同时期同民族的人物、场景，每组人物都载歌载舞，张扬着不同民族的风韵与才华。

26 个演员“装扮”成 26 个卡通化的英文字母跑进场内，每个演员都有自己个性化的表演——D，是一个摊开后的手掌；a，是一个人跑动的样子；s，像一条扭动的蛇；t 是一把弯剑，上面的横道是剑柄，下面的钩子是兵器的顶端；f 像一只正在飞的鸟；I 像一个绳子或缎带……

当然，多姿多彩的汉字是人类最美丽、最具艺术性的文字，一个庞大的舞队身穿黑白两色的服装在运动场中心表演大型舞蹈《中国书法》。

真、草、隶、篆不同的气质被表现得淋漓尽致：

楷书是大将军与大臣们在祭祀大典中的揖拜礼让，行书是江南绿树白墙间小家碧玉的嬉戏穿行，草书是“公孙大娘”潇洒刚健、龙飞凤舞的剑舞，是数百名白衣少女凌空舞动的长袖……

当这幅“书法作品”完成时，“盖”上了由一群红衣少女组成的图章——2008 年奥运会的图案标志“中国印”。

就在这舞蹈的同时，由投影和激光组成的一场“文字雨”从天而降。大小不一、五颜六色的各种各样的文字纷纷落下，像一道巨大的瀑布从运动场一侧的上方经过运动场中间向另一侧流去，这是一条光的河流、一条字的河流、一条文明的河流，令人目不暇接。在古今中外各种文字的长河中，夹杂着古今中外的名画，夹杂着阿拉伯数字，夹杂着化学元素符号、数学算式、爱因斯坦相对论的公式……

同时，在运动场一侧的激光水幕上出现了古代西方哲人的头像：毕达哥拉斯、赫拉克利特、苏格拉底、柏拉图、亚里士多德……

而在与激光水幕相对的一侧，激光束在空中打出了东方先哲的头像孔子、老子、庄子、孟子、释迦牟尼……

光河流经整个运动场，最后流向一台笔记本电脑。

就在那个“北京人”用石刀刻字的篝火旁，一个现代的小男孩在用笔记本电脑玩游戏。

运动场的大屏幕链接着这个小男孩的电脑，上面显现着小男孩敲进去的每一个字符：0 1 0 1 0001 0001 0101010111111……

人类五花八门的文字，最终变成了二进位的电脑程序语言。

在电脑旁边的空地上，一群美丽的女孩在“跳房子”。慢慢地，朦胧的彩灯在原来简单的“房子”上钩出了一个巨大的电脑键盘。

女孩们在键盘上舞蹈，音乐中，夹杂着键盘打字的嘀嗒声。

当哪一个女孩跳在哪一个键上时，大屏幕上就出现一个与之相应的字母。

孩子们打出的一行字是：

“One World，One Dream”

天人合一

暗场。

从天上“垂”下一幅巨大的中国山水画，这是投影仪打在水幕上的效果。画面上，层峦叠嶂，在竹林的环抱里，一个琴人在弹琴。在无数中国古老的绘画作品中，人与音乐，俱是大自然中和谐共存的一部分。

当琴声渐渐传来时，人们发现在“画”中还有一个真实的白衣女子在弹琴。

她弹的是古琴曲《高山流水》。

这是一首著名的琴曲，和它同样著名的是一个关于音乐、自然、友谊的故事。传说在春秋时代，伯牙与子期因为对音乐共同的深刻理解而相识，子期故去后，伯牙终生不复弹琴。因此，中国人把能够在精神层面交流的朋友称为“知音”。20 世纪，美国宇航局发射的太空船曾把这首乐曲作为人类文明的代表而带往太空。

水声沥沥，琴声幽幽。

琴声里，夹杂着鸟鸣、蝉唱。

一排贵州侗族女孩在唱古老的侗族大歌《蝉》，这是一首中国独特的多声部民歌，曾经使欧洲音乐界震惊。

女孩用二度和音描写了夏蝉的鸣声，体现了侗族人们对大自然的深刻观察与和谐的关系。

一对来自云南的民歌手李怀秀姐弟唱起了“海菜腔”《金鸟银鸟飞起来》。这首歌在第十一届全国电视歌手大奖赛上，曾创造了让评委们起立鼓掌的场面。

水幕的投影将人们带到了一望无际的大草原。

一群骏马掠过水幕。

索朗旺姆，一个美丽的藏族歌手，唱起了一首表现了藏族人民与大自然息息相关、共生共存的紧密关系，表现了藏族人民世代相传的对大自然礼敬的民歌《圣洁的雪山》。

象征着珠穆朗玛峰的冰凌形火炬台上，奥运圣火在一朵盛开的雪莲上熊熊燃烧。

五百名马头琴手在运动场中央排成马头的形状，一起奏起了草原上的欢歌。

在马头琴的伴奏下，一个蒙古族女歌手唱起了悠悠的长调《黑骏马》。

这是一首高亢而略带悲怆的歌，歌唱的是一匹骏马的死去，但表达的却是游牧文明被农耕文明替代的惆怅。

歌声中，草原绿了又黄，黄了又绿。

从沙漠的绿洲中，传来了令人心醉的歌声和鼓声：一个庞大的新疆维吾尔乐队边唱边奏，走到运动场中央，他们演奏的是闻名世界的“十二木卡姆”。

手鼓声声，玉臂如林，把人们带进了丝绸之路。

身穿56个民族服装的演员像一条条彩色的河流从四周流进运动场中央，载歌载舞。

和平礼赞

就在56个民族的演员舞蹈的时候，天空中出现了一只鲜红的、半透明的凤凰。

她仿佛从火中诞生，带着火的光明和炫目的色彩飞了起来，在空中盘旋。

当鸽群也飞起来的时候，全场灯火通明，各式彩灯旋转、彩旗翻卷。

中国最好的四位歌唱家走向台前，他们背后，是一个庞大的合唱队和管弦乐团。

大合唱《同一个世界 同一个梦想》

激光把整个运动场变成了一个巨大的世界地图，在这个缩小了的世界中，不同肤色的男男女女在欢快地舞蹈。

56个民族的演员将10个世界著名的乐队和合唱团引进了运动场。

当这些被中国邀请专程来中国参加奥运会开幕式的外国音乐家出现时，音乐达到了高潮：头戴宽檐帽的拉丁美洲乐队、激情澎湃的黑非洲舞队、古巴的钢鼓乐队、美国的爵士乐队、巴尔干的民族乐队、俄罗斯和南非的合唱团。

就在大家尽情高歌的时候，那个玩电脑的小男孩骑着自行车跑进运动场中央。

他下车走到中心舞台上，又一次打开了他的笔记本电脑。

音乐戛然而止，所有人都静下来，一起抬头，看着运动场两侧的大屏幕。

随着小男孩的点击，大屏幕上出现了一系列快速滚动的画面：

燃烧的战火、饥馑的儿童、大风暴中的城市、大海啸后的海滩、被飞机撞击的高楼……

这是在以往奥运会开幕式这样欢乐的时刻从没有出现过的镜头。它们如此不合时宜地出现，似乎在提醒全人类和平的珍贵和必要。

这是在以往奥运会开幕式这样欢乐的时刻从没有出现过的场面：全场所有人肃立在那里，向人类的历史诘问，向所有在以往无数代的时间里逝去的兄弟姐妹的灵魂致意。

这是在以往奥运会开幕式这样欢乐的时刻从没有出现过的静默，这静默的十几秒钟仿佛在表达全人类的一个共识：我们只有一个地球。

这是在以往奥运会开幕式这样欢乐的时刻从没有出现过的灵魂的棒喝，它让我们每一个人都要在心里牢记一个中国的古训：五湖四海皆兄弟。

水幕上，激光铸造的一把剑在烈火中融化，变型，最后变成一弯闪亮的犁铧。“铸剑为犁”的愿望变成了视觉上的现实。

贝多芬《欢乐颂》的歌声响彻云霄，多个来自世界各地的合唱团与中国演员共同高歌这首代表了全人类共同心声的乐章。这一定是现场的真唱，任何形式的假唱都是对这首歌的不敬。

再没有一个愿望有这么艰巨，再没有一个愿望有如此美好：

和平——我们的同一个梦想！

运动场上的所有人每人手持一朵玫瑰，排着队依次走到运动场中间，把玫瑰插在地上。玫瑰红得耀眼，每一朵玫瑰，都表达了世界人民对和平的渴望；队伍缓慢而肃穆，每个人的心中，都有一个沉甸甸的责任。

千万朵玫瑰在运动场中组成了奥运五环的图案。与高科技组成的奥运五环不同，这个图案是人们用手亲自栽种的。

当运动场上的五环出现的时候，在运动场的上空，高科技的焰火喷射出五个巨大的、灿烂夺目的光环。

天上地上，奥运五环交相辉映。

无数礼花在夜空中绽放。

2008，永不磨灭的北京之夜！

2008 年北京奥运会闭幕式创意应征方案

——《北京记忆》

创作理念

本方案力图在借鉴以往奥运会闭幕式成功经验的基础上，一方面充分运用我国各具风貌的民族民间艺术形式，一方面充分调动、集中我国专业艺术的顶尖人物和代表性作品，在一个和平、欢乐的气氛中展现我国著名艺术家的艺术造诣和民族民间艺术的魅力，表达我国人民对世界人民的友好情感、表达我国运动员和体育爱好者对各国运动员的依依惜别之情。

主题

和平　欢乐

总体创意

历届奥运会的闭幕式，均以渲染欢乐、自由的气氛为主。这是由闭幕式的任务和特点所决定的。因此，我们所设计的闭幕式，避免用大型团体操这样既劳民伤财，又不能使各国运动员参与的形式，而是选择一个既能展现我国各民族的传统文化和民风，又能尽量使运动员参与其中的集体性、娱乐性的艺术形式。同时，在一个特别的舞台上展现我国优秀艺术家的精彩艺术，不但可以给各国运动员留下美好、深刻的印象，又能使闭幕式的观众欣赏到我国著名艺术家和民间艺术家的表演，体现出“大团圆”的理想和欢乐、和平的气氛。

在著名艺术家的表演中，我们认为应该展现的是那些经过时间筛选的经典曲目，而不是统统演唱新创作的歌曲，因为新创作的歌曲很难保证质量并给观众留下深刻印象。但在闭幕式的最后，全体演员会集体歌唱一首专为闭幕式创作的歌曲《北京记忆》。

文学台本

运动场的中间，有一个莲花形的舞台。在舞台中间，是一堆“篝火”。

在运动场的另一侧，几个雪白的蒙古包像天幕中的星辰一样点缀在绿色的“草原”上。

在运动场的另一侧，有一栋式样独特的苗寨建筑。

台上台下，围成几道圈圈的青年男女边跳边舞。这是一首从 20 世纪流传到现在的著名歌曲《远方的客人请你留下来》：

路旁的花儿正在开，
树上果儿等人摘。
唉罗里唉，赛罗里赛，
远方的客人请你留下来……

在欢快的歌声中，运动员入场。和开幕式的正式与庄重不同，运动员悠然地步入场中。

在运动员入场的过程中，中国最优秀的歌唱演员在莲花形舞台上依次奉献着他（她）们美好的歌声，这些歌，都是经过时间筛选过的经典歌曲，不但中国的大众耳熟能详，而且可以代表中国当代歌曲创作的水平：

彭丽媛、宋祖英、王宏伟的民族歌曲；

梁宁、迪里拜尔、廖昌永、魏松的歌剧选段；

于魁智、李胜素的京剧选段；

吴玉霞的琵琶独奏；

王中山的古筝独奏；

重新排练的“千手千眼观音”以新的面貌出现在莲花台上，增加了四倍人数的舞队排成一个“十”字形，让四面的观众都能看到“千手千眼”奇妙的映象。

忽然，在蒙古包前，腾格尔用略带嘶哑的嗓音唱起了蒙古草原上著名的《祝酒歌》：

金碗里斟满幸福的美酒，

高高举起啊—哈—咿——

草原上的歌声刚落，一群苗族姑娘小伙儿在苗寨前唱起了苗族民歌《飞歌》。这是一首古老的苗歌：

在热瓦普、冬不拉、手鼓的伴奏下，一百个新疆姑娘高扬着双手跳进场中，歌声嘹亮、玉臂如林。

在“阿里郎组合”清新动感的歌声伴奏下，一百个美丽的朝鲜族姑娘跳起了长鼓舞。

这里变成了鼓的海洋：贵州的“四面鼓”、云南傣族的“木鼓”、贵州的“铜鼓”、山西的“威风锣鼓”、陕西的“安塞腰鼓”。

在杨丽萍婀娜身姿的引领下，几百个身穿云南各少数民族服饰的姑娘小伙儿像一条奔流的五彩长河载歌载舞涌进场内。

在舞者的盛情邀请下，越来越多的运动员加入了舞蹈。

人们围成一个又一个圆圈，在欢乐的乐声中尽情欢乐。

所有演员高歌《北京记忆》。

当国际奥委会主席致闭幕词之后，下一届奥运会主办城市伦敦的8分钟开始了。

当奥林匹克会歌奏响的时候，在万众瞩目下，火炬台上的雪莲花徐徐合拢，奥林匹克圣火慢慢熄灭。

《远方的客人请你留下来》的歌声再次响起。

巨大的屏幕上，打出了一行大字：2012——伦敦再见！

自由与兼容

——中国的宗教与中国人的宗教观

画　面	解　说
宇航员拍摄的地球。 蔚蓝色的星球庄严而沉默地运行着，美丽、神秘、宁静。 浩瀚的太空。 星辰满天，各行其道，看似杂乱无章，但实际上秩序谨严。	音乐绵长、舒缓、流动，像一条闪着星光的大河。 一个中年男人的声音，温暖而睿智： 只有在这个星球上才有人类。 只有在这个星球上才有宗教。
金字塔。落日的余晖中，骆驼蹒跚而行。 玛雅人遗弃的祭坛。乱草迷离。 希腊雅典的帕特农神殿。 恒河。无数印度教徒在沐浴。 天主堂里，信徒在做弥撒。	宗教，是人类的创造。 宗教，是伟大的文明。 谁也说不清目前世界上存在着多少种宗教。
长城。蜿蜒而壮丽。	仅仅从人类的建筑史就可以看出，与世界上其他同样具有古老文明的民族相比，中国人是一个更注重“实践理性精神”的民族。古埃及人留给世界的，是企望法老灵魂不死的金字塔；玛雅人留给世界的，是曾经无比辉煌、神秘的祭坛；古希腊人留给世界的，是帕特农神殿高高的廊柱。而古代中国最伟大的建筑留存，却是中国人基于现实安全考虑而构造的世界上最大的防御体系——长城。

（续表）

画　面	解　说
（叠印） 山峦。苍松。被风吹拂的线装书。故宫的角楼。	中国不但从来没有过国教，从来没有过宗教战争，从来没有过政教合一的政权，任何宗教也从未能单独成为官方的意识形态。 但世界三大宗教——佛教、基督教、伊斯兰教以及中国土生土长的道教，都在中国得以流传。
（叠印） 孔子像。老子像。庄子像。 汉代的画像砖。 马王堆帛画。 兵马俑。兰花瓷。曾侯乙编钟。	但是，为什么像中国这样一个有着灿烂的古代文明，尤其是在先秦时期便出现了伟大的思想体系的古国，却未能产生世界三大宗教中的任何一个呢？
长江。 山城重庆的历史影片。 郭沫若中年时期的照片。 郭沫若的《十批判书》。 墨子像。	1944 年夏，历史学家郭沫若在中国著名的“三大火炉”之一的重庆乡下，冒着酷暑对墨子的思想、行为进行了梳理。他了解到世界上的几个大宗教差不多都发生在距今两千年前上下。郭沫若说：“墨子生在二千四五百年前，以他的精神和主张尽可以成立一个中国独特的宗教。”[①] 但为什么中国没有产生宗教呢？郭沫若的结论是：这与“中国的地理条件有很大的关系。各个世界大宗教都产生在热带国家。那些地方的贵族们一样受着自然界的压迫，故尔容易在幻想中去讨生活，在生前想求得一种法悦以忘却现世的辛苦；在死后自己升上天堂，把敌对者打进地狱里去。中国是温带国家，天堂何如现世的宫殿？地狱何如现世的监牢？故尔中国贵族最质实，无须乎再有升天入地的必要了”[②]。

① 解启扬：《郭沫若的墨学研究》，《文化参考报》2000 年 10 月 25 日。

② 同上。

（续表）

画　面	解　说
镌刻着甲骨文的龟片、兽骨。司母戊方鼎。巍然肃立，精美绝伦。 大量精美的青铜器——饮酒器、贮酒器、冰酒器…… 殷商都城的复原图。	文明宗教与成熟的思想体系一样，只能产生于掌握文化并具备思想创造力的知识阶层。而一切宗教都是基于对现实生活“苦”的感受和不合理性的认识，从而产生对一个存在于可感知的空间、时间之外的理想世界的追求。在中国，统治者住在冬暖夏凉的广厦中，从商代起便懂得了将冬冰窖藏至夏天享用，他们“恒舞于宫，酣歌于室”，甚至“以酒为池，悬肉为林，使男女倮，相逐其间，为长夜之饮”，将人生的享受推至极致，肆无忌惮，饕餮生命。这样的生活方式和生活态度，又怎么会产生有关“来世”的思想呢？
紫色丝绒上，山顶洞人的头盖骨在缓缓转动。	在中国人的民族性里，有着根深蒂固的执着于生命、迷恋于生命的文化传统。当然，不带贬义的“贪生怕死”，是一切有意识的生物的本能，也是人的本能。但是，中国人的这种民族性却不仅仅是一种脱离文化背景的本能，中国固有的哲学在对待生命和灵魂的态度上，曾极大地影响了中国民众的生死观和宗教观。
山顶洞人的石器与殉葬品。 秦兵马俑。 曾侯乙墓棺椁上清晰可见的“窗口”。（镜头从“窗口”缓缓推入，直至黑屏）	对于“来世”以及灵魂、鬼神的有无，中国远古先民们的态度与先秦之后的中国主流思想有很大的不同。不但生前横扫六合、虎视雄哉的秦始皇在死后会把整个一支军队带入地下，早在距今一万八千年前的山顶洞人，便已有一定的葬式，他们的殉葬品有取火的燧石、有作为工具的石器，甚至还有作为装饰品的石珠、带孔的兽牙、骨坠，等等。可见，山顶洞人已萌生“来世”及灵魂的思想。在仰韶文化的瓮棺葬中，瓮棺的顶部多有小孔，似为灵魂出入之处。大约葬于公元前433年的曾侯乙墓的棺椁上，更清楚地绘着供灵魂出入的“窗口”。

（续表）

画　面	解　说
孔府的大门，庄严地慢慢打开。 孔庙雕龙的大理石柱。 “金声玉振”牌坊。 巍峨的孔子塑像。（仰拍）	但是，以孔子与老庄为代表的“诸子百家”的出现，开始改变了一切。这些伟大的哲学家、思想家在塑造中国人正统思想的时候，几乎都无一例外地把中国人的灵魂关注引导向现实关注。当汉代“罢黜百家、独尊儒术”之后，对现实政治与现实生活的考虑，更压倒了对灵魂问题的探讨。灵魂与鬼神的问题，始终游移在中国思想家们思考的范畴之外。
孔子与子路问学的画像。	当孔子最器重的学生子路问孔子鬼神之事时，孔子一反“诲人不倦”的态度，拿出先生的架子来反问学生道：“未能事人，焉能事鬼?”“未知生，焉知死?”对来世及死后的灵魂问题既不肯定，也不否定，甚至也不深究，这就是孔子所谓“敬鬼神而远之，可谓知矣”的方法。 孔子“不语怪力乱神”，对超常或超生命体验的事物三缄其口，顶多是“祭神如神在”的态度，在其后千百年的历史中，逐渐深入人心，养成了中国人对鬼神的一种极其普遍的、带有实用主义色彩的态度。
旧年画中的社会生活。 现实生活中在寺庙烧香的善男信女。 香烟缭绕。 庙会中的杂耍、戏班子。 庙会上孩子手里的玩具、糖葫芦…… 旧黄历。 《论语》《中庸》……	这种对待宗教的态度，可以从许多中国的俗语中看出来。 有一句俗语几乎家喻户晓：“平时不烧香，临时抱佛脚。”这是对一些平时没有积累、事到临头才仓促准备的人的嘲讽，但也形象地说明了宗教在一部分中国人心中的地位——平时没有一个一贯而且明确的宗教信仰、宗教思想和宗教生活，也没有起码的宗教热情和宗教准备，往往事到临头，一筹莫展了，这才想起神佛来，希望宗教能帮他解决日常生活中的难题。 还有一句话是“无事不登三宝殿”。与每餐都要谢恩、每天都要祈祷、每周都要到教堂“过礼拜”的西方基督徒不同，在普通中国人生活中的大部分时间里，宗教与宗教问题被置于日常生活的切实需要之下。而在精神方面，儒家的道德观、伦理观则在很大程度上代替了宗教。只有当生活中出现意外时，人们才想起宗教。

（续表）

画　面	解　说
各种神祇的造像：佛、菩萨、太上老君、关公、妈祖、土地…… 各种乡间小庙：土地庙、佛龛、神龛……	中国还有句俗话是："见佛就烧香，是庙便磕头"。在这句话里，"佛"是一种泛指，指一切超自然力量和所有神明。在大部分中国百姓的眼里，凡是现实生活中不存在的佛、菩萨、上帝、神灵、鬼怪、妖魔，统统都是一样的，除善恶之别外，再无分别。所有宗教，也都是一样的，是一回事儿。也许正因如此，主要在中国知识界出现的"三教论衡"，终归变成一种"三教合一"的局面，并长时间形成中国宗教生活的传统格局。 而在中国民间，就更难找到那种单纯的、轮廓清晰的宗教。在对各种宗教一视同仁的同时，人们还创造出各式各样"各司其职"的"专业神"来：想发财的拜"财神"，拜"赵公元帅"；想得功名的拜"文曲星"，拜"大成至圣文宣王"；想得子嗣的拜"送子观音"，拜"子孙娘娘"……各行各业，都有自己的"行业神"：药铺祭"药王"，木匠祭"鲁班"，渔民祭"妈祖"，戏班子祭"二郎"（唐明皇），就连剃头匠甚至乞丐、妓女，也都有自己的"行业神"。五花八门的神祇世界构成了中国人无限庞杂的信仰体系。
北京国子监。 古树。 斑驳的石碑。 王阳明画像。 文天祥画像。	对大部分中国传统知识分子而言，儒与道这两根精神支柱、与生俱来的忧患意识、参政意识与强烈的伦理观念，几乎构成了中国文人士大夫精神世界的全部内容。"穷则独善其身，达则兼济天下"的理想，已经成为大部分中国知识分子共同遵守的价值标准和行为守则。因此，大部分中国文人"入世（仕）"不得，便选择"遁世""避世"或干脆"混世"的人生态度，却较少"出世"。使不少中国文人徜徉其中、流连忘返的老庄哲学和魏晋玄学，都与宗教的本质相去甚远。儒家主张的"三年之丧"，其所关注的实质也不是超现实的灵魂问题，而是实际的伦理问题、政治问题，是"以孝治天下"的具体体现和实际内容。

（续表）

画　面	解　说
庄子的画像。 古代文人画： （明）唐寅《东篱赏菊图》 （明）汪肇《松瀑闲话图》 （明）吴伟《松风高士图》	老庄哲学虽与儒家不同，比如在庄子的著作中就充满了形形色色、奇异诡谲的神灵，但对庄子而言，来世的精神生活，也未必就比今生重要。“齐万物，等生死”的判断标准，使老庄哲学与宗教思想始终保持距离。“竹林七贤”的放浪形骸，绝非一种特殊的修炼方式；“梅妻鹤子”式的山林之隐，更与苦行主义的宗教“隐修”相去甚远。对于中国文人来说，虽然“天下有道则见，无道则隐”，但“隐”时往往也“心存魏阙”，不忘邦国。
苏东坡画像。	中国传统文人的代表苏东坡，即使在政治生活大起大落、一落千丈之后，也不过是唱着“小舟从此逝，江海寄余生”的清词，用宁静淡泊的心态和无拘无束、通达放诞的生活方式来代替政治抱负而已。寄于江海的，仍然是“生”，而不是“死”。
凡·高自画像。 齐白石、张大千须发飘拂的照片。	与身处基督教文明中的西方艺术家们常常以身殉艺的激烈态度截然相反，“儒道兼综、显隐皆可”的中国艺术家们常常把艺术当成使自己心理平衡的手段。假如说凡·高自己割掉自己的耳朵后用纱布裹着头的那张“自画像”会让人们联想起“西方现代艺术”和“现代艺术家”的话，那么，一幅幅鹤发红颜、长须飘拂的寿者形象则是中国画家、书法家们的典型形象。

（续表）

画　面	解　说
耆那教教徒的荆床。 特拉伯苦修会的教堂。 修士们鞭打自己的画像。 密拉惹巴画像。 慧可求法图。 炼丹炉。 道士在打太极拳。 玉溪道人闵智亭在弹古琴，风度闲雅。 一只翩翩飞舞的蝴蝶，美丽而神秘。	最能说明中国人的宗教观的，恐怕就是中国唯一土生土长的宗教——道教了。世界上，除道教之外的几乎任何一种宗教，都把感情重心和追索目光投向来世。在一般人看来，肉体与灵魂是对立而存在的，肉体的痛苦会使精神领域的痛苦变得可以承受的经验，几乎是世界上所有宗教都曾普遍存在过苦行教派的原因。但是，当耆那教的教徒们每日裸体睡在荆床上的时候，当特拉伯苦修会的修士们在做苦工的同时，“立志”把自己变成“哑巴”乃至终生不语的时候，当密拉惹巴在西藏的雪域高原用绳索把自己的身体捆绑了整整三年的时候，当慧可只因为“吾心不宁”便一刀砍下自己的左臂，在漫天大雪中像高擎着火炬一样举着自己鲜血淋淋的手臂向达摩求法的时候，中国的道教徒们却在净室里专心致志地、心平气和地炼丹——而无论“内丹”还是“外丹”，其目的无非都是希望尽可能地延长自己的个体生命。 将“长生不老”视为修炼的目标，是中国人独特宗教观的合理结果。在道教徒看来，肉体不是灵魂的敌人，而是“炼丹”的“宝鼎”，他们不但不希望它消失，更希望它永存，只不过变轻、变清，像庄子梦中的那只大蝴蝶一样，永远在天地之间翩飞翱翔。

（续表）

画　面	解　说
佛寺。 道观。 天主堂。 旋转的“阴阳鱼”，渐渐变成旋转的法轮，旋转的十字架……	一些西方的宗教学者据此认为中国没有真正意义上的宗教，这恐怕是用西方的宗教观来观察中国的宗教生活所产生的误解。就像每个民族都有自己独特的文化一样，每个民族也都有自己独特的宗教观。的确，在中国漫长的历史中，大部分中国人没有一个明晰、固定的宗教信仰，但也正因如此，中国人也没有宗教方面的排异性和排他性。这种宽容的、宽泛的、极富包容力的宗教观，使中国从历史上就形成了一种特殊的、宽松的、一以贯之的宗教自由的氛围。 在中国，世界三大宗教都各有自己的信众并相安无事。虽然外来宗教在进入中国初期，都会遇到一些问题，但相较而言，中国人在对待外来宗教方面，的确是宽容大度的。由于在大一统的中国，教权基本上处于王权之下，所以，在中国历史上的大部分时间里，“信教”只是个人的私事。只要宗教不对王权造成真正的威胁，大部分人在大部分时间里都可以享受到“信仰自由”的权利！当然，在中国历史中，也有过“三武一宗”的灭佛法难，有过激昂慷慨的“三教论衡”，有过近代的“教案”和义和团运动，但与世界其他地方发生过的诸如“十字军东征”之类的宗教战争和中世纪的宗教迫害相比，与已有了千百年仇恨史、目前仍无了结希望的中东悲剧相比，中国人在宗教方面的态度，可以称得上是明智至极、开放至极的了。 而且，这是一个传统，一个悠久的传统，一个至今仍存在的传统。

（续表）

画　面	解　说
古丝绸之路的地图。 大漠孤烟，驼队迤逦而行。 浩瀚的大海。 古航船的模型。 泉州出土的海船。 玄奘像。 鉴真像。	佛教传入中国有多种途径，但主要分南北两条，北边是众所周知的“丝绸之路”，即从天竺到西域，再到中原。还有一条同样重要的路线，即中国南方的海路。在千百年的时间里，佛教的弘法者与求法者前赴后继、络绎不绝，涉大漠、渡流沙、漂洋过海，置生死于度外，将佛教传布到全中国、全亚洲。佛教在传入中国后，不但全面影响了中国传统文化，自身也有了许多变化并得到了很大发展。在中国这片土地上，佛教不但生根、开花，还结出了丰硕的果实。
五台山佛光寺、南禅寺。 西安大兴善寺。 峨眉山。 普陀山。 九华山。 北京云居山石经，汗牛充栋。 《中华大藏经》，巍峨庄严。	中国佛教至隋唐时臻于鼎盛，朝野风行，名僧辈出。此时，中国佛教的重要宗派都已成熟，其中有智𫖮创立的天台宗，吉藏创立的三论宗，玄奘创立的法相宗，道宣等创立的律宗，善导、法照等创立的净土宗，神秀、慧能创立的禅宗，法藏创立的华严宗，善无畏、金刚智、不空传来的密宗。可以这样说，从唐代开始，作为外来文化的佛教，已经完成了它中国化的过程并开始以它独特的风格和魅力影响亚洲的其他国家。甚至可以这样说，佛教是诞生于印度，成熟于中国。尤其是公元 13 世纪，佛教在印度本土衰亡之后，中国实际上成为世界佛教的中心和世界上拥有佛教徒最多的国家。
《大秦景教流行中国碑》。 敦煌卷子中的《大秦景教三威蒙度赞》。	基督教传入中国，也比许多人想象得早。基督教当时被中国人称为“景教”。公元 7 世纪，被罗马教廷视为异端的基督教聂斯脱利派传入中国，唐太宗曾派宰相房玄龄率仪仗队去西郊迎接来华传教的叙利亚人阿罗本。从刻于唐德宗建中二年（公元 781 年）的《大秦景教流行中国碑》看，景教在当时的中国颇为流行，曾经“法流十道”，“寺满百城”。 在著名的敦煌卷子中，也有一些当时基督教的文献，如译自叙利亚文的《大秦景教三威蒙度赞》，虽然充满了借自佛教、道教的词汇，但其内容与音节，却与佛道赞词有着明显的不同。

（续表）

画　面	解　说
天主教堂宏伟的屋顶。 十字架。 孟高维诺画像。 唱诗班在演唱。	元代，基督教第二次在中国传播。被蒙古人称为“也里可温”的基督教与天主教发展迅速。据史料记载，元初仅大都地区就有聂斯脱利派教徒三万多人，镇江一地便建有聂斯脱利派寺院八座。 1294 年，受罗马教廷委派，天主教方济各会的意大利籍传教士孟高维诺历尽千辛万苦抵达元大都（北京），受到元成宗铁穆耳的礼遇，并获准在中国自由传教，他在中国修建了多座教堂并广收门徒。他还组建了儿童唱诗班，训练他们承担祭务和演唱圣咏。他在一封信中自豪地写道：“大汗在宫中可以听到我们的歌声。” 孟高维诺去世后，元顺帝曾派使团远赴罗马，请教皇派人来接替他的事业，但因种种原因而未能实现。
利马窦画像。 飞檐斗拱、外形酷似佛教庙宇的教堂。 用中国画方法绘制、与“观音菩萨”几乎一模一样的圣母画像。 《几何原本》。	利马窦于 1653 年来到中国传教。他总结了以前传教活动失败的原因，采取了一种全新的、明智的态度，即充分尊重中国的传统文化和社会结构，依循儒家的礼仪展开活动，因此得到了朝廷的支持和青睐。他不但得到了比他的前辈更多的传教机会，同时也利用他的特殊地位向中国上层人士介绍了西方文明。他在徐光启的帮助下翻译的《几何原本》前六卷，对现代科学在中国的传播影响深远。
古钢琴。 《律吕纂要》《律吕正义・续编》的书扉。 德里格画像。	在他之后，一些西方传教士大都以介绍西方文化为手段进入中国传教，他们积极学习中国的传统文化，努力在基督教与儒家文明中间搭建桥梁。汤若望、毕方济、南怀仁、德里格等人都进入中国上流社会，在中国长期传教。其中汤若望在北京建造的“南堂”、德里格与徐日升合著的《律吕正义・续编》都是中西文化交融的例证。

（续表）

画　面	解　说
康熙大帝戎装画像。 康熙圣旨。 夕照中的天主堂。	17 世纪中叶，在华的西方传教士在如何对待中国传统礼仪问题上发生激烈争执，在上告到罗马教廷后，最终引发了教廷与中国朝廷的冲突。面对西方列强对中国咄咄逼人的态度和侵略意图，清朝政府选择了闭关锁国的政策，实行了对天主教的禁教。康熙朱笔御批道："以后不必西洋人在中国行教，禁止可也，免得多事。"
李提摩太的《小诗谱》。 李提摩太夫妇的照片。	1807 年，伦敦布道会传教士马礼逊来华传教，将新教带到了中国。这些新教的传教士努力学习中国传统文化，在积极传教的同时，他们开办教会学校，一方面将中国的文明介绍到西方，另一方面把西方的文化介绍到中国。 这是英国浸礼会传教士李提摩太 1883 年发表的《小诗谱》，他编辑的这本乐理、视唱教材原是为唱诗班练习歌唱用的，但他用中国传统的乐谱"工尺谱"记谱，不但有西方的赞美诗，中国的传统乐曲，甚至还有佛教的曲调。
石门坎清晨的雾霭。 绵延的山岭，苗家的村寨。 伯格理画像。 《昭通教会史》，打开的书页，突出相应的一行文字。	石门坎，黔西乌蒙山中一个荒凉贫瘠的苗族村寨，只有十几户人家。伯格理，一位曾考取全英第七名成绩的英国基督教传教士。他志愿跋涉万里到中国来传教，并选择了飞鸟难至、瘴疠横行的不毛之地。伯格理着苗装，说苗语，建教会，办学校，兴医院，防治麻风病，制苗族文字。在石门坎建起了当时全国最大的少数民族教会，被誉为"海外天国"。伯格理传教十余年。有一年，当地流行伤寒，他坚守救护，染病不治，以身殉职，葬在了石门坎。"出殡时，苗、彝、汉送殡者达数百人之多，无一人不痛哭失声，陵壑响应。"(《昭通教会史》) 1979 年，邓小平到美国访问期间曾会见卡特总统，卡特与他谈及来华传教士这一话题时，邓小平明确指出确有一些好的传教士到过中国。 1985 年，胡锦涛同志在他就任贵州省委书记的第二天，就在与各机关处级以上干部的见面会上，娓娓谈起了石门坎和伯格理。

（续表）

画　面	解　说
侵略者的兵舰。 趾高气扬的各侵略国的旗帜。 燃烧着的龙旗。 侵略者的铁蹄。 炮火下的中国城镇。 难民。饿殍。 喷吐着烟火的炮口与十字架。（叠印）	但是，近代基督教传入中国，是与侵略者兵舰大炮一起出现在中国人面前的。1840年鸦片战争之后，中国的门户被西方列强的大炮打开。在其后中国与列强所签订的一系列不平等条约中，几乎都规定了外国传教士可以在中国境内“开设教堂”“入内地传教”的条款。虽然在短短的几十年里，基督教在中国得到了前所未有的迅速发展，但以枪炮声为伴奏的福音在中国人的耳朵里却自然呈现出极其复杂的多声部。 应该说，当年来华的传教士当中，既有像伯格理这样尊重当地人民的文化并为当地人民做了许多好事的殉道者，也有殖民主义的帮凶和披着传教士外衣的冒险家。所以，在中国人的集体记忆里，对基督教的感情是十分复杂的。世人欲了解中国人对基督教的感情，便不能不了解中国的近代史。
阿拉伯半岛的地图。 清真寺。 星与月。	隋末唐初，就在中国结束战乱走向统一和强盛的时刻，在地球另一方的阿拉伯半岛，伊斯兰教兴起了。
丝绸之路，逶迤的驼队。 大海，扬帆远航的船队。	先知穆罕默德发布过一条著名圣训：“你们求学吧！哪怕去遥远的中国，因为求学对每一个穆斯林都是天命。”遵从圣训的穆斯林商人、外交官和传教士，通过海上和陆地的“丝绸之路”，把阿拉伯帝国的物质文明和精神文明带到中国。据《旧唐书·大食传》记载，唐高宗永徽二年（公元651年），阿拉伯帝国第三任哈里发奥斯曼派遣使节来到长安，在大明宫觐见唐高宗时专门介绍了伊斯兰教的“真主独一论”，从而在伊斯兰教文化与中国文化之间，正式建立起沟通交流的官方通道。从这一年到公元798年的这148年中，阿拉伯帝国派遣使节达39次之多。

（续表）

画　面	解　说
泉州的灵山圣墓。	这是泉州灵山风景区的灵山圣墓，是中国现存最为古老的伊斯兰教圣迹之一。据说，唐武德年间（公元618—626年），穆罕默德派遣四大贤徒来到中国，一贤传教广州；二贤传教扬州；三贤、四贤传教泉州，逝世后安葬灵山，在这块元代石刻中，用阿拉伯文介绍了修缮圣墓的起因和经过。圣墓周围还有历代伊斯兰教徒的石棺墓，上刻伊斯兰教常用的“云月”图案或阿拉伯文《古兰经》语录。
广州的“响坟”。	广州城外流花桥畔有一座古墓，俗称响坟。传说是一贤宛葛思的墓葬。据国学大师陈垣考证，古墓始建于唐永徽三年（公元652年）。唐宣宗大中五年（公元851年），阿拉伯商人苏莱曼·斯拉菲来到当时叫康府的中国广州经商，回国后写出《中国印度见闻录》。他在书中写道：“中国商埠为阿拉伯商人聚集者，是康府，这里有回教教师一人，教堂一所……一切皆能依《古兰经》、圣训及回教习惯行事。伊拉克商人对此颂声载道。”
新疆的清真寺。 北京牛街礼拜堂中虔敬的礼拜者。 清真食品店门上的匾额，线条美丽的文字。	“回回”，是中国伊斯兰教的旧称。一般认为，既信仰伊斯兰教，同时又使用汉语言文字的回回民族，正式形成于元末明初，是自唐代开始陆续来到中国大陆的阿拉伯、波斯穆斯林连同元代的色目人在明王朝强制同化的政治背景下，通过被称为天方圣教的伊斯兰文化和中国儒教文化的交叉整合而形成的民族共同体。从唐代到明代中叶的八百年间，伊斯兰教在中国大陆只是一种侨民的宗教。著名清真寺的阿訇和毛拉，大都由来自阿拉伯、波斯和中亚各国的伊斯兰学者担任，普通穆斯林聚居区只能通过阿訇世家手抄口传的家庭教育进行文化传承，为使天方圣教在广大穆斯林中得到更加广泛的传播和发展，明末清初的穆斯林学者开始注重和发展伊斯兰教育事业和文化事业。今天，在中国各地均有大量回教徒，中国西部，尤其是宁夏回族自治区和新疆维吾尔自治区，是回教徒集中的地方。

（续表）

画　面	解　说
高耸入云的教堂尖顶，十字架。 层峦叠翠中庙宇的金黄色琉璃瓦。 清真寺外热闹的巴扎。 一个打太极拳的道士，专注的神情。 （叠印） 一群和尚、道士、神父、牧师、阿訇在一起谈笑。	从来没有一块土地，容纳了这么多种不同的宗教；从来没有一个国家，为这么多不同宗教的传播、发展提供了平等的机会和条件；从来没有一个民族，能够在几千年历史中的大部分时间里让不同宗教和睦相处；从来没有一种文化，能够融会这么多不同的宗教并在此基础上创造出灿烂夺目的文化艺术并延续至今。
圣诞节，上海街道上的圣诞树和节日派对的海报。 伊斯兰开斋节，宁夏、新疆清真寺前的人群。 香港，西安法门寺佛指舍利抵港供奉，机场恭迎仪式，祈福法会。	今天，所有的宗教在中国的土地上都和千百年前一样和平共处；在中国，宗教依然是个人的事，并且得到法律的尊重和保护。中华民族，这个从来没有发生过宗教战争的民族依然和以前一样善待着所有外来的文明宗教。
中华佛乐展演团在中国台湾、中国香港、中国澳门、美国、加拿大演出时的盛况。帷幕上的莲花与群山中蜿蜒的长城叠印在一起，梵呗声声，花雨纷纷，钟鼓齐鸣。	当这个由海峡两岸三大语系、八大寺庙、一百多僧众组成的中华佛教音乐展演团以历史上前所未有的规模在美国的科达剧院——也就是著名的奥斯卡颁奖典礼的舞台上为人类的未来和世界的和平祈福的时候，人们有理由相信，在中国土地上产生、流传、发展的古老宗教，就像这嘹亮庄严的梵呗一样，必将融入飞速发展的中国当代社会，在中华民族振兴与腾飞的路上引吭高歌。

图书在版编目（CIP）数据

田青文集：共七卷 / 田青著. —北京：文化艺术出版社，2018.7
ISBN 978-7-5039-6519-7

Ⅰ.①田… Ⅱ.①田… Ⅲ.①田青—文集 Ⅳ.①C53

中国版本图书馆CIP数据核字(2018)第154498号

田青文集（1–7卷）

著　　者　田　青
丛书统筹　王　红
责任编辑　王　红　齐大任　李　冬　苏　丹
　　　　　林　琳　叶茹飞　董良敏　魏　硕
特约编辑　翟风俭
数字编辑　李岩松
责任校对　董　斌
书籍设计　顾　紫　赵　矗
出版发行　文化艺术出版社
地　　址　北京市东城区东四八条52号（100700）
网　　址　www.caaph.com
电子信箱　s@caaph.com
电　　话　（010）84057666（总编室）　84057667（办公室）
　　　　　（010）84057696—84057699（发行部）
传　　真　（010）84057660（总编室）　84057670（办公室）
　　　　　（010）84057690（发行部）
经　　销　新华书店
印　　刷　北京雅昌艺术印刷有限公司
版　　次　2018年10月第1版
印　　次　2018年10月第1次印刷
开　　本　710毫米×1000毫米 1/16
印　　张　193.25
字　　数　2600千字
书　　号　ISBN 978-7-5039-6519-7
定　　价　680.00元（全7册）
